초등 독해 **12주** 완성 **[조선 후기~대한민국]**

한국사 잡는 독해

2

지에밥 창작 연구소 지음
우지현 그림

[지에밥]
giebap

이 책을 확 잡는 방법

"한국사 이야기는 재미있는데 시험은 왜 싫을까?"

"지문에서 어려운 낱말을 만나면 왜 그만 읽고 싶을까?"

"지문을 다 이해한 것 같은데 왜 국어 점수는 나오지 않을까?"

한국사와 독해에 대한 이런저런 고민을 한 적이 있나요?

이 모든 것이 한국사와 읽기 자료에 대한 흥미를 제대로 이끌어 내지 못했기 때문이에요.

우리 민족이 마땅히 알아야 할 한국사를 재미있게 읽으려면 어떻게 해야 할까요?

먼저 한국사를 사회 교과나 한국사 능력 검정시험 같은 시험의 대상으로 생각하지

않아야 해요. 그리고 독해하는 과정에서 이루어지는 여러 사고 과정을 즐겨야 하지요.

이 책은 한국사와 독해를 즐기듯 공부하다 보면 자연스럽게 두 영역의 학습 목표에

닿도록 기획했어요. 한국사를 이야기로 재미있게 읽다 보면 문제가 술술 풀리고, 독해

문제를 재미있게 풀다 보면 한국사 흐름이 차근차근 정리되지요.

한국사 이야기와 연관지어 배경지식도 쌓을 수 있어요. 시대별 핵심 주제의 지문으로

어휘력, 이해력, 추리·상상력, 비판력, 문제 해결 능력 등 독해력을 키울 수 있지요.

이렇게 독해력을 확장시키면 깊이 있는 논술 주제도 쉽게 쓸 수 있답니다. 다음에

설명된 이 책의 구성을 보면서 한국사도, 독해와 논술도 한번에 확 잡아 보세요.

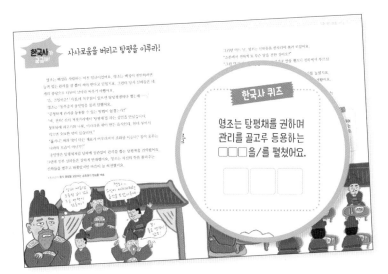

한국사의 흐름에서 초등 사회 교과에
꼭 나오는 주요 인물과 관련된
재미있는 이야기를 읽고
빈칸 퀴즈를 풀어 봅니다.

한국사를 잡아라!

한국사 이야기에 나온 주요 용어를 읽고 정리하며 써 봅니다. 그리고 문제를 풀면서 한국사 이야기의 내용을 정리해 봅니다.

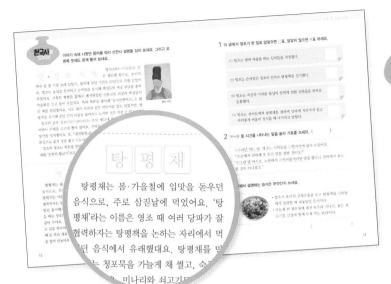

독해를 잡아라!

한국사 지문으로 배경지식을 넓히고, 어휘력, 이해력, 추리·상상력, 비판적 사고력, 문제 해결 능력 등 독해력을 키우는 문제를 풀어 봅니다.

논술을 잡아라!

한국사의 주요 논쟁거리와 관련된 다양한 자료를 읽고 서술형, 논술형 문제를 풀어 봅니다.

차례

| **1장** | 조선 후기

1주 영·정조 시대 · 8

2주 신분제 변동 · 18

3주 실학의 등장 · 28

4주 서민 문화 · 38

| **2장** | 개항기

5주 조선의 개항 · 48

6주 동학 농민 운동 · 58

7주 을사늑약과 항일 의병 · 68

8주 나라를 지키기 위한 노력 · 78

| **3장** | 일제 강점기

9주 애국 계몽 운동 · 88

10주 3·1 운동과 대한민국 임시 정부 · 98

| **4장** | 대한민국

11주 광복과 대한민국 정부 수립 · 108

12주 6·25 전쟁과 대한민국의 발전 · 118

★ 정답을 잡아라! · 128

선사 시대   고조선 시대   삼국 시대   남북국 시대   고려 시대   조선 전기   **조선 후기**   개항기   일제 강점기   대한민국

학습 내용	한국사	탕평책에 얽힌 이야기를 읽고 영·정조 시대의 개혁 정치를 살펴봐요.
	독해	정조의 수원 화성 행궁 건설과 능행차에 담긴 뜻을 파악해 봐요.
	논술	정조가 훌륭한 왕이었던 까닭을 깊이 생각해서 써 봐요.

1주

사사로움을 버리고 탕평을 이루라!

영·정조 시대

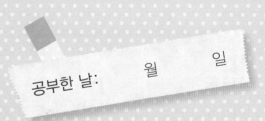

사사로움을 버리고 탕평을 이루라!

영조는 백성을 사랑하는 어진 임금이었어요. 영조는 백성이 편안하려면 능력 있는 관리를 잘 뽑아 써야 한다고 믿었지요. 그런데 당시 신하들은 네 개의 붕당으로 나뉘어 날마다 싸우기 바빴어요.

'음, 큰일이군! 『서경』에 치우침이 없으면 탕탕평평하다 했는데……'

영조는 *동부승지 송인명을 불러 말했어요.

"공정하게 관리를 등용할 수 있는 방법이 없겠는가?"

"예, 전하! 신이 저잣거리에서 '탕평채'를 파는 상인을 만났습니다. 청포묵에 쇠고기와 나물, 미나리를 섞어 만든 음식인데, 한데 섞어서 먹으면 오묘한 맛이 났습니다."

"옳거니! 색과 맛이 다른 재료가 어우러져서 조화를 이룬다? 짐이 꿈꾸는 나라의 모습이 아닌가?"

송인명은 탕평채처럼 당파에 상관없이 관리를 뽑는 탕평책을 건의했어요. 그런데 일부 신하들은 강하게 반대했어요. 영조는 자신의 뜻을 몰라주는 신하들을 벌주고 내쫓았지만 마음이 늘 허전했지요.

＊동부승지 왕의 명령을 담당하는 승정원의 정삼품 벼슬.

그러던 어느 날, 영조는 신하들을 한자리에 불러 모았어요.

"소론에서 전하께 또 무슨 말을 전한 것이오?"

"그런 말 마시오. 노론에서 이러쿵저러쿵 말을 했으니 전하께서 부르신
것이 아니겠소?"

이 자리에서도 신하들은 서로 자기 당의 말이 옳다며 소리를 높였지요.
이때 영조가 상궁에게 눈짓을 했어요. 곧 작고 단출한 밥상이 들어왔어요.
청포묵 위에 쇠고기, 미나리, 김을 가지런히 얹은 탕평채였지요.

"이 음식은 탕평채라는 것이오. 청포묵과 네 가지 재료가 따로 있을 때는
음식의 재료일 뿐이오. 그러나 이들을 섞으면 훨씬 맛있고 조화롭더이다.
먹거리도 이럴진대 모두 사사로움을 버리고 탕평을
이루도록 하시오!"

영조가 먼저 청포묵과 재료를 싹싹 무쳐서 맛있게 먹자
신하들도 눈치를 보며 따라 먹었어요. 신하들은 탕평채를
먹으며 한바탕 즐거운 시간을 보냈어요. 그 시간만큼은
노론, 소론, 북인, 남인이 따로 없었어요. 영조는 이렇게
탕평책을 펼쳤고, 뒤를 이은 정조는 탕평책을 더욱
발전시켰답니다.

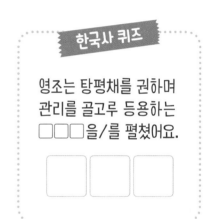

한국사 퀴즈

영조는 탕평채를 권하며
관리를 골고루 등용하는
□□□을/를 펼쳤어요.

□ □ □

이야기 속에 나왔던 용어를 따라 쓰면서 설명을 읽어 보세요. 그리고 오른쪽 문제도 함께 풀어 보세요.

영 · 정 조 시 대

영조 어진

영조(1694~1776년)는 조선 제21대 왕으로, 조선의 역대 왕 중 가장 오래 살았고, 왕위에 있던 기간도 52년으로 가장 길었어요. 영조는 농업을 장려하고 균역법을 실시해 백성들의 세금 부담을 줄여 주었어요. 가혹한 형벌을 없애고 폐지되었던 신문고를 되살려 백성들의 억울함을 듣고 풀어 주었지요. 특히 학문을 좋아해 『동국문헌비고』 등 많은 책을 편찬했어요. 사도 세자 사건과 같은 안타까운 일도 있었지만, 탕평책을 실시해 붕당 간의 싸움을 없애려고 노력한 것은 가장 큰 업적이에요.

영조의 손자 정조(1752~1800년)는 조선 제22대 왕으로, 할아버지였던 영조의 탕평책을 이어받아 인재를 고르게 뽑아 썼어요. 신하들이 학문을 연구하고 바른 정치를 할 수 있도록 규장각을 설치했어요. 규장각의 학자들을 시켜 『대전통편』을 펴내고 법을 통일했어요. 아버지인 사도 세자의 묘를 수원 화성으로 옮겨 성을 쌓고 신도시를 만들기도 했지요.

영조와 정조는 학문을 발달시키고 정치를 개혁하는 데 힘썼어요. 그래서 그래서 영 · 정조 시대를 '문화의 황금기'라고 불러요.

탕 평 채

탕평채는 봄 · 가을철에 입맛을 돋우던 음식으로, 주로 삼짇날에 먹었어요. '탕평채'라는 이름은 영조 때 여러 당파가 잘 협력하자는 탕평책을 논하는 자리에서 먹었던 음식에서 유래했대요. 탕평채를 만들 때는 청포묵을 가늘게 채 썰고, 숙주는 삶아 두어요. 미나리와 쇠고기도 볶아 두고 김을 부수어 준비해요. 큰 그릇에 준비해 둔 묵과 재료를 간장에 무친 다음 지단을 얹어 내놓아요.

탕 평 책

영조 때 붕당 간의 지나친 싸움을 막기 위하여 각 당파에서 고르게 인재를 등용하던 정책이에요. 영조는 붕당의 뿌리를 없애려고 서원을 정리했어요. 그리고 당파 싸움을 막겠다는 의지를 담아 성균관 입구에 탕평비를 세웠어요.

탕평비

1 이 글에서 영조가 한 일로 알맞으면 ○표, 알맞지 <u>않으면</u> ✕표 하세요.

(1) 영조는 당파 싸움을 하는 신하들을 걱정했다.

(2) 영조는 손자였던 정조의 건의로 탕평책을 실시했다.

(3) 영조는 자신과 가까운 왕실의 친척과 친한 신하들을 관리로 등용했다.

(4) 영조는 신하들에게 탕평채를 권하며 당파에 치우지지 말고 사이좋게 어울려 정치를 해 나가자고 말했다.

2 ㉠~㉣ 중 시간을 나타내는 말을 골라 기호를 쓰세요. (   )

㉠그러던 어느 날, 영조는 신하들을 ㉡한자리에 불러 모았어요.
"소론에서 전하께 또 무슨 말을 전한 것이오?"
"㉢그런 말 마시오. 노론에서 ㉣이러쿵저러쿵 말을 했으니 전하께서 부르신 것이 아니겠소."

3 다음에서 설명하는 음식은 무엇인지 쓰세요.

- 영조가 요리의 조화로움을 보고 탕평책을 신하들에게 설명할 때 내놓았던 음식이다.
- 가늘게 썬 청포묵에 데친 숙주와 미나리, 볶은 쇠고기를 간장에 함께 무쳐 먹는 요리이다.

(   )

다음은 수원 화성 행궁에 대한 글이에요. 다음 글을 꼼꼼히 읽고 문제를 풀어 보세요.

글의 주제
정조는 수원 화성과 화성 행궁을 건설하고 백성을 위한 정치를 펼치면서 왕권을 튼튼히 했다.

문단별 중심 내용
(가) 정조는 사도 세자를 추모하기 위해 수원 화성과 화성 행궁을 지었음.
(나) 행궁은 왕이 궁궐 밖을 행차할 때 머물던 임시 궁궐임.
(다) 화성 행궁은 우리나라에서 가장 규모가 컸음.
(라) 정조는 화성으로 자주 행차했음.
(마) 수원 화성과 화성 행궁은 정조의 정치에 큰 영향을 주었음.

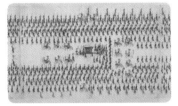

정조의 화성 행차를 그린 「화성원행 반차도」

(가) 정조는 사도 세자라고 불리는 장헌 세자의 아들이에요. 정조는 아버지를 불행하게 여의고 할아버지 밑에서 임금 수업을 받았지요. 하지만 왕이 되어서도 돌아가신 아버지를 그리워했어요. 그래서 정조는 아버지를 추모하기 위해 수원 화성과 화성 행궁을 지었어요.

(나) 행궁은 왕이 궁궐 밖을 행차할 때 임시로 머물던 궁궐이에요. 정조는 아버지 사도 세자의 묘를 수원 화성으로 옮기면서 5년에 걸쳐 큰 성곽을 짓고 신도시를 건설했어요. 한양에서 수원 화성에 갈 때 머물 수 있게 화성 행궁을 비롯해 여러 개의 행궁도 지었어요.

(다) 그중에서 화성 행궁은 우리나라의 행궁 중에서 가장 규모가 컸어요. 화성 행궁은 정조가 능행차를 할 때는 행궁으로 쓰고, 평소에는 나랏일을 하는 관청으로 썼어요. 봉수당에서는 어머니 혜경궁 홍씨의 회갑 잔치도 치렀지요.

(라) 정조는 아버지의 묘를 옮긴 화성으로 자주 행차했어요. 능행차를 하는 동안 백성들을 직접 만나 억울한 사연을 들어 주었어요. 또한 호위 군사들을 함께 데려가 군사 훈련도 시켰지요.

(마) 수원 화성과 화성 행궁은 정조의 정치에 ㉠큰 영향을 주었어요. 정조는 이곳을 통해 백성을 위한 정치를 펼치면서 왕권도 튼튼히 했어요. 그래서 조선은 정조 때 황금기를 맞았답니다.

1 화성 행궁에 대해 알맞게 말한 친구에게 ○표 하세요.

(1) 화성 행궁은 우리나라에서 가장 큰 궁궐이야. (   )

(2) 정조는 수원 화성으로 능행차를 갈 때 군사들을 데려가지 않았어. (   )

(3) 정조는 사도 세자를 추모하기 위해 수원 화성과 화성 행궁을 만들었어. (   )

2 다음 빈칸에 공통으로 들어갈 알맞은 낱말을 쓰세요.

봉수당 전경

- □□은/는 왕이 궁궐 밖을 행차할 때 임시로 머물던 궁궐을 뜻한다.
- 수원 화성 □□은/는 우리나라에서 가장 규모가 크고 아름다운 □□이다.

(   )

3 ㉠의 내용으로 알맞은 것을 <u>모두</u> 고르세요. (   )

① 앞선 문물을 받아들였다.　　　② 백성을 위한 정치를 폈다.
③ 왕권을 튼튼하게 만들었다.　　④ 학문과 문화를 발달시켰다.
⑤ 새로운 과학 기술을 개발했다.

다음은 규장각과 장용영에 대한 글이에요. 다음 글을 꼼꼼히 읽고 문제를 풀어 보세요.

집현전 고려에서 조선 초기에 걸쳐 궁중에 설치한 학문 연구 기관.
홍문관 조선 시대에 궁중의 문서를 관리하고 임금의 물음에 응했던 관청.
자객 사람을 몰래 죽이는 일을 전문적으로 하는 사람.
무과 고려·조선 시대에, 무관을 뽑던 과거.
내영 조선 시대에, 대궐 안에 있던 군대.
외영 궁성 밖에 있던 군대.

정조가 창덕궁 후원에 세운 규장각

정조는 영조에게 왕위를 물려받고도 끊임없이 반대 세력의 위협을 받았어요. 정조는 이런 상황 속에서 왕권을 튼튼하게 만들고 백성을 위한 정치를 펼칠 방법을 찾았어요.

정조는 정치를 개혁하고 학문을 일으키려고 규장각을 만들었어요. 규장각은 집현전, 홍문관처럼 왕실의 도서관이자 연구 기관이었어요. 정조는 이곳에 조선 최고의 학자들을 모아 학문을 연구하고 나랏일을 의논했지요. 정조는 규장각의 학자들을 당파와 관련 없는 참신한 인재들로 뽑았어요. 할아버지 영조의 탕평책을 이어받은 거예요. 학자들은 규장각에서 역대 왕들의 글씨나 그림 등을 관리하는 일부터 백성을 위한 정책까지 다양한 연구를 했어요. 규장각이 왕의 역할을 돕는 비서실 역할까지 했지요.

또한 정조는 자객의 침입을 받은 뒤 왕을 호위하는 부대인 장용영을 설치했어요. 무과에서 합격한 인재들이 배치되면서 장용영은 수천 명이 넘는 큰 부대가 되었어요. 장용영이 한양의 내영과 수원 성곽의 외영으로 커지면서 원래 군대보다 큰 비중을 차지했지요. 장용영은 정조가 왕권을 강화하는 데 결정적인 역할을 했어요.

정조는 규장각과 장용영을 두 날개로 삼아 탕평책을 펼치고 수원 화성을 쌓는 등 정치를 개혁할 수 있었어요. 그리고 튼튼해진 왕권을 바탕으로 백성을 위한 정치를 할 수 있었답니다.

문제 발견

1 정조가 규장각을 설치한 까닭은 무엇인지 쓰세요.

- 정조가 규장각을 설치한 것은 _____

_____

문제 탐색

2 다음을 참고하여 정조가 장용영을 설치하여 얻은 효과를 한 문장으로 쓰세요.

> - 장용영은 왕을 호위하는 특별 부대였다.
> - 장용영은 한양과 수원 성곽의 안팎을 지켰다.
> - 수천 명이 넘는 큰 부대여서 원래 군대보다 비중이 커졌다.

- 정조는 장용영을 설치해 _____

_____

문제 해결

3 이 글을 참고하여 정조가 훌륭한 왕이라는 사실에 알맞은 까닭을 들어 쓰세요.

- 정조는 훌륭한 왕이었다. 왜냐하면 _____

_____

_____

선사 시대　고조선 시대　삼국 시대　남북국 시대　고려 시대　조선 전기　**조선 후기**　개항기　일제 강점기　대한민국

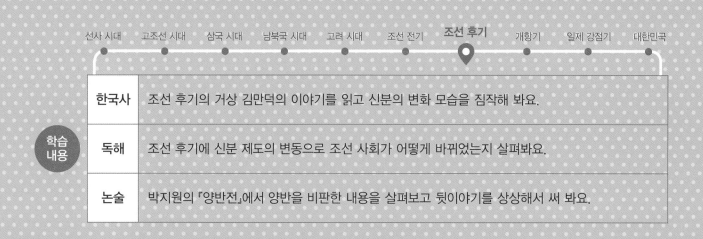

학습 내용	한국사	조선 후기의 거상 김만덕의 이야기를 읽고 신분의 변화 모습을 짐작해 봐요.
	독해	조선 후기에 신분 제도의 변동으로 조선 사회가 어떻게 바뀌었는지 살펴봐요.
	논술	박지원의 『양반전』에서 양반을 비판한 내용을 살펴보고 뒷이야기를 상상해서 써 봐요.

2주

이런 멋진 부자 처음이야!

신분제 변동

공부한 날:　　　월　　　일

이런 멋진 부자 처음이야!

만덕은 작은 가게를 하는 *양인의 딸로 태어났어요. 만덕의 집안은 넉넉하지는 못했지만 날마다 사람들로 북적였어요.

"어머니, 우리 먹을 것도 부족한데 다 나누어 주시는 거예요?"

"돈보다 사람이 재산이란다. 비우는 만큼 채워지는 법이지."

만덕이 열한 살 때 아버지가 풍랑을 만나 목숨을 잃었어요. 이듬해에는 그 충격으로 어머니마저 돌아가셨지요. 부모님을 잃은 만덕은 먹을 것이 없어서 기생의 수양딸로 들어갔어요. 하루아침에 천민이 된 거예요. 만덕은 기방에서 기생들의 시중을 들었지만 용기를 잃지 않았어요.

'이다음에 돈을 많이 벌어서 신분을 되찾고 어려운 사람도 도울 거야.'

시간이 흘러 스무 살이 된 만덕은 제주 목사를 찾아가 기녀가 된 사정을 밝히고 양인의 신분을 되찾았어요. 양인이 된 만덕은 제주에서 객주를 차렸지요. 객주는 다른 상인의 물건을 맡아 주거나 물건을 사고팔 수 있도록 돕는 상인이에요. 조선 후기에는 상업이 발달하면서 크고 작은 객주가 많이 생겨났거든요. 만덕은 제주 특산물인 말총, 미역, 전복 등을 육지에 팔아 큰돈을 벌었어요.

*양인 조선 시대에 양반과 천인 사이의 일반 백성을 이르는 말.

만덕은 여자의 몸이었지만 장사 수완이 탁월했어요. 다른 상인들은
이윤을 남기는 데 급급했지만 만덕은 달랐지요.

"물건은 알맞은 가격에, 정직한 믿음으로 팔아야 한다!"

만덕의 객주는 나날이 성장해 제주에서 제일가는 거상이 되었어요.

그러던 어느 해, 제주에 최악의 흉년이 들었어요. 먹을 것이 없어 굶어
죽는 사람들이 늘어났지요. 이 소식을 들은 나라에서 쌀을 보냈지만 오는
도중에 풍랑을 만나 제대로 도착하지 못했어요.

만덕은 누구보다 배고픈 설움을 잘 알았어요. 그래서 전 재산을 털어
육지의 쌀을 사들여 굶주림에 시달리는 제주 사람들에게 내놓았어요.

"김만덕이라는 여자가 굶어 죽을 뻔한 제주 사람을 다 살렸다는군!"

나라 안에는 김만덕을 칭찬하는 소리가 자자했어요. 이 소식을 들은
정조가 김만덕에게 큰 상을 내리려고 했지만, 김만덕은
손사래를 치며 거절했어요.

"상은 당치 않습니다. 한 가지 소원이 있다면 한양에서
임금님을 한번 뵙고, 금강산 일만 이천 봉을 본다면 여한이
없을 것 같습니다."

큰손 김만덕은 정조의 도움으로 한양의 궁궐과 금강산을
둘러보고 제주로 돌아왔답니다.

한국사 퀴즈

만덕은 양인에서 천민,
다시 양인으로 □□이/가
바뀌었어요.

□ □

이야기 속에 나왔던 용어를 따라 쓰면서 설명을 읽어 보세요. 그리고 오른쪽 문제도 함께 풀어 보세요.

조선의 신분제

조선 시대 사람들은 양인과 천인의 두 가지 신분으로 나뉘었어요. 최하층인 천인에는 노비, 광대, 무당, 백정, 기생 등이 있었어요. 노비는 재산으로 여겨져 사고팔거나 상속할 수도 있었지요. 양인은 다시 양반과 중인, 평민으로 나뉘었어요. 양반은 최고 지배층으로 관리가 되면 나라에서 녹봉을 받는 특권을 누렸어요. 재산과 신분을 후손에게 물려주는 조선 시대의 최고 계급이었어요. 중인은 양반 아래의 계급으로 외국어, 의학, 천문학 등 특수한 학문을 배워 양반의 일을 도왔어요. 향리, 의관, 화원, 서얼 등이 여기에 속했지요. 상민은 주로 농사를 짓거나 장사를 하는 등 생산 활동을 하는 사람들로, 나라에 세금과 군대의 의무를 졌어요. 조선 시대에는 태어나면서부터 신분이 결정되었고, 신분의 차이가 매우 뚜렷해서 신분을 옮기는 일은 매우 어려웠답니다.

신분의 차이를 보여 주는 김홍도의 「벼타작」

거상

조선 후기에는 농업과 상업이 발달하면서 큰돈을 벌고 사회적으로 인정받는 '거상'이 등장했어요. '거상'은 '장사를 크게 하는 상인'이라는 뜻이에요, 이들은 우리나라뿐 아니라 외국과 물건을 사고팔면서 큰 이득을 남겼어요.

한성의 경강상인, 의주의 만상, 개성의 송상, 동래의 내상이 대표적인 거상이었어요. 조선 후기에는 김만덕처럼 장사를 해서 부자가 된 사람들이 늘어났어요.

객주

다른 지방에서 온 상인들에게 묵을 곳을 마련해 주고, 다른 상인의 물건을 보관하며, 물건을 사고파는 사람을 서로 연결해 주는 상인이에요. 객주는 중간 상인으로서, 직접 물건을 사고파는 것이 아니라 물건을 맡긴 사람과 물건을 사려는 사람의 사이에서 거래가 이루어지도록 돕는 역할을 했어요.

물상객주 거래대장

1 이 글에서 일어난 일의 차례대로 번호를 쓰세요.

⑴ 김만덕은 정조의 도움으로 한양의 궁궐과 금강산을 구경하고 돌아왔다. ☐

⑵ 제주에 흉년이 들자, 김만덕은 전 재산을 내놓아 굶주리는 사람들을 도왔다. ☐

⑶ 객주를 차린 김만덕이 제주 특산물을 육지에 팔아 제주에서 제일가는 거상이 되었다. ☐

⑷ 김만덕은 부모님을 여의고 기생의 수양딸이 되었다가 스무 살 때 양인의 신분을 되찾았다. ☐

2 이 글에서 시대적 배경을 알 수 있는 낱말이 <u>아닌</u> 것은 무엇입니까? (   )

① 양인   ② 기생   ③ 객주
④ 흉년   ⑤ 한양

3 김만덕의 삶에서 얻을 수 있는 교훈을 알맞게 말한 친구에게 ○표 하세요.

⑴ 굶주리는 제주 사람들을 위해 전 재산을 내놓은 모습에서 이웃과 나누는 마음을 배웠어. (   )

⑵ 임금이었던 정조가 주는 상을 거절한 행동을 보고 당당하게 행동해야 한다는 점을 느꼈어. (   )

⑶ 제주에서 여자의 몸으로 큰 상인이 된 것을 보고 장사를 하면 큰돈을 벌 수 있다는 것을 알게 되었어. (   )

다음은 조선 후기 신분 제도의 변동에 대한 글이에요. 다음 글을 꼼꼼히 읽고 문제를 풀어 보세요.

글의 주제
조선 후기에는 신분제가 흔들리면서 양반의 수가 늘고 노비의 수가 줄어들었다.

문단별 중심 내용
(가) 임진왜란과 병자호란 이후 신분제가 흔들리기 시작함.
(나) 나라에서는 전쟁의 피해를 극복하기 위해 돈과 곡식을 받고 양반 신분을 주었음.
(다) 조선 후기에는 양반의 수가 늘어나고 상민의 수가 점점 줄었음.
(라) 상민이 줄어 나라에서는 노비가 상민이 되게 해 주었음.
(마) 신분의 변동으로 양반의 권위가 떨어지고 서민 의식이 성장했음.

(가) 조선은 타고난 신분에 따라 살아가는 신분제 사회였어요. 그런데 임진왜란과 병자호란을 겪은 뒤 신분제가 흔들리기 시작했어요.

(나) 조선은 두 번의 전쟁을 겪으면서 나라의 살림살이가 엉망이 되었어요. 나라에서는 전쟁으로 황폐해진 국토를 복구하고 어려운 백성들을 돕기 위해 돈이 많이 필요했어요. 조선 조정은 나라의 살림을 늘리려고 곡식이나 돈을 내면 '공명첩'이라는 관직 임명장을 발행해 양반 신분을 주고 병역을 면제해 주었지요.

(다) 이 때문에 조선 후기에는 양반의 수가 급격히 늘어났어요. 농업과 상업의 발달로 재산을 모은 농민과 상인들이 돈과 곡식을 내고 양반 신분을 샀기 때문이에요. 벼슬을 하지 못해 가난해진 양반들은 돈 많은 상민에게 족보를 팔기도 했지요. 양반 신분을 사면 세금과 군대의 의무에서도 벗어날 수 있어 상민의 수는 점점 줄었어요.

(라) 세금과 군대의 의무를 지던 상민이 줄어들자 나라에서는 노비가 상민이 되게 해 주었어요. 전쟁에서 공을 세운 노비는 상민이 되었고, 노비도 곡식을 내면 쉽게 상민이 될 수 있었어요. 일부 노비는 도망쳐서 새 신분을 얻기도 했어요. 하지만 상민 중에서도 형편이 어려워져 살던 곳을 떠나 도적이 되는 사람도 있었어요.

(마) 두 번의 전쟁 이후 시작된 신분의 변동은 갈수록 커졌고, 양반의 권위도 점점 떨어졌어요. 양반 신분을 살 수 있게 된 서민들은 더 이상 양반들을 두려워하지 않았어요. 신분의 변동으로 서민들의 의식이 점점 깨어나게 되었어요.

1 조선 후기 신분제의 변화에 대한 설명으로 알맞으면 ○표, 알맞지 <u>않으면</u> ✕표 하세요.

(1) 조선 후기에는 양반의 수가 줄어들었다. (   )

(2) 조선 후기에 신분의 변화가 생긴 것은 나라의 제도가 바뀌었기 때문이다. (   )

(3) 상민들이 양반 신분을 곡식이나 돈으로 살 수 있게 되면서 양반의 권위가 높아졌다. (   )

2 다음에서 설명하는 문서의 이름을 찾아 쓰세요.

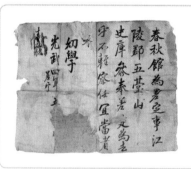

• 조선 조정이 나라의 살림을 늘리기 위해 돈이나 곡식을 받고 내주던 관직 임명장이다.
• 벼슬을 받는 사람의 이름 칸이 비워져 있었고, 주어지는 관직은 이름뿐인 명예직이었다.

(   )

3 다음 중 조선 후기에 신분이 올라갈 수 <u>없는</u> 사람은 누구입니까? (   )

① 돈 없는 상민이 과거에서 떨어졌다.
② 돈 많은 상민이 재물로 관직을 얻었다.
③ 돈 많은 상민이 가난한 양반에게 족보를 샀다.
④ 양반집에서 일하는 노비가 전쟁에서 공을 세웠다.
⑤ 나라에서 일하는 노비가 왕의 명령으로 자유의 몸이 되었다.

논술을 잡아라!

다음은 조선 후기의 신분제가 나타난 박지원의 『양반전』이에요.
다음 글을 꼼꼼히 읽고 문제를 풀어 보세요.

부임해 임명이나 발령을 받아 근무할 곳으로 가.
암행어사 조선 시대에, 임금의 명령으로 지방관의 비리를 밝히고 백성의 어려움을 해결해 주던 관리.
관곡 국가나 관청에서 가지고 있는 곡식.
군량 군대의 양식.

손자 박주수가 그린 박지원

양반이란 선비 무리를 높여서 부르는 말이에요.

강원도 정선 고을에 한 양반이 살았어요. 양반은 성품이 어질고 글 읽기를 늘 좋아했어요. 이 고을에 새로 부임해 오는 원님은 으레 이 양반을 찾아보고 양반에게 두터운 존경의 마음을 나타내는 것을 예의로 여겼지요. 그러나 양반은 워낙 집이 가난해서 관아의 곡식을 꾸어 먹은 것이 여러 해 동안이나 되었어요. 어느 해, 암행어사가 이 고을을 돌며 관곡을 조사해 보고 몹시 화를 냈어요.

"어떤 놈의 양반이 군량에 쓸 곡식을 축냈단 말이냐?"

이렇게 호통을 치고 나서 그 양반이라는 사람을 잡아 가두라고 했어요. 명령을 받은 원님은 속으로 그 양반을 무척 불쌍히 여겼어요. 하지만 갚을 방법이 없으니 어쩌겠어요? 차마 잡아다가 가둘 수는 없고 윗사람의 명령에 복종하지 않을 수도 없어서 난처했지요. 양반이 해결할 길이 없어 밤낮 울기만 하자 그 부인이 화를 냈어요.

㉠"당신은 평생 앉아서 글을 읽더니 이제 관곡을 갚을 방법도 없게 되었구려. 에이, 더럽소. 양반, 양반 하더니 그 양반이란 것이 한 푼 값어치도 못 되는 것이로구려."

한편 그 마을에는 부자 한 사람이 살고 있었어요. 양반이 어려운 일을 당하게 된 이야기를 듣고 집안끼리 의논이 벌어졌어요.

26

1 양반의 아내가 양반에게 화를 낸 까닭은 무엇인지 쓰세요.

• 양반이 _____

_____ 때문이다.

2 양반의 아내는 ㉠에서 양반의 어떤 모습을 비판하고 있는지 쓰세요.

_____

_____ 양반의 모습을 비판하고 있다.

3 다음을 참고하여 이 글 다음에 이어질 뒷이야기를 상상해서 쓰세요.

> "양반이란 아무리 가난해도 항상 귀하고 영예로운 것! 나는 아무리 돈이 많아도 항상 낮고 천한 것을 면치 못한단 말이야! 말을 한번 타 보지도 못하고, 양반을 만나면 쩔쩔매고 코를 땅에 대고 무릎으로 기어야 하니 참 더럽단 말이지. 그런데 지금 양반이 관곡을 못 갚아서 딱하게 되었다니, 이제는 그 양반을 지탱할 수가 없을 거야! 그러니 내가 그 양반을 사서 행세하는 것이 어떨까?"

_____

_____

선사 시대   고조선 시대   삼국 시대   남북국 시대   고려 시대   조선 전기   **조선 후기**   개항기   일제 강점기   대한민국

학습 내용	한국사	조선의 코페르니쿠스였던 실학자 홍대용의 이야기를 읽고 실학의 영향에 대해 생각해 봐요.
	독해	실학의 등장 배경과 연구 분야를 살펴보며 실학의 의미를 짐작해 봐요.
	논술	실학자들의 주장을 읽고 백성들에게 가장 도움을 준 방법을 평가하는 글을 써 봐요.

3주

드넓은 우주 안에서 지구를 보자!

실학의 등장

공부한 날: 월   일

드넓은 우주 안에서 지구를 보자!

홍대용은 권세 있는 노론 집안에서 태어났어요. 이미 출세가 보장되었지만 홍대용은 조정에 진출하는 대신 순수한 학문의 길을 걸었어요.

"나는 성리학에 목매는 선비는 되지 않을 거야! 백성들의 생활에 도움이 되는 학문을 하고 싶어."

당시 조선은 거듭된 전쟁으로 황폐했지만 나라를 이끄는 유학자들은 예법만 따지고 논쟁을 일삼았어요. 반면 청에서는 서양 문물이 들어와 사실을 바탕으로 한 학문이 유행했어요.

열 살이 된 홍대용은 일찍부터 청의 문물에 관심을 기울이던 석실 서원에서 실학을 배웠어요. 홍대용은 실학이 사실을 바탕으로 진리를 탐구하는 '실사구시'의 학문이라는 점에 마음이 끌렸지요.

스물아홉 살 때는 나주의 실학자 나경적과 힘께 3년에 걸쳐 혼천의와 자명종을 만들었어요.

"우아, 신기하다! 혼천의가 시계의 톱니바퀴로 움직이네!"

사람들은 정교하게 만든 혼천의와 자명종에 무척 놀랐지요.

삼촌, 청나라에서 실학을 배워 와요!

청나라로 가자!

서른여섯 살이 된 홍대용은 작은아버지를 따라 중국에 사신단으로 가게
되었어요. 홍대용은 60일간 베이징에 머물면서 서양 선교사들과 우주에
대한 생각을 주고받았어요.

"지구는 회전하면서 일정한 경로를 한 바퀴 돈다. 그 움직임은 벼락보다
빠르고 포환보다 빠르다."

홍대용은 중국에 다녀온 뒤『의산문답』이라는 책을 썼어요. 그는
이 책에 지구가 스스로 돌기 때문에 낮과 밤이 생긴다는 사실과 우주가
무한하며 지구가 수많은 별들 중 하나라는 생각을 썼지요.

"끝없는 우주에 비하면 지구는 미세한 먼지만큼도 안 되며, 지구에 비하면
청나라도 수천 분의 일밖에 되지 않는다."

홍대용은 은하계와 태양계라는 거대한 우주 공간 속에 지구는 작은
존재이고, 청도 작은 나라라는 것도 깨달았어요. 하지만 당시 홍대용의
생각은 중국이 세계의 중심이라는 생각에 젖은 선비들에게 조롱거리가 될
뿐이었어요. 홍대용이 시대에 앞선 생각을 한 거예요.

홍대용이 죽자 친구 박지원은 그의 재능이 발휘되지 못한
것을 안타까워했어요. 후세 사람들은 과학자 홍대용을
'조선의 코페르니쿠스'라고 높이 평가하고 있답니다.

한국사 퀴즈

□□을/를 배우고 연구했던 홍대용은 지구가 스스로 돌며 우주가 무한하다는 사실을 주장했어요.

31

이야기 속에 나왔던 용어를 따라 쓰면서 설명을 읽어 보세요. 그리고 오른쪽 문제도 함께 풀어 보세요.

실 학

실학은 '실생활에 필요한 학문'이라는 뜻이에요. 조선 후기에는 일부 땅 주인이 거의 대부분의 땅을 차지해 대다수의 농민들은 남의 땅을 빌려 농사를 지었어요. 농업 기술도 발전해서 한 사람이 농사를 지을 수 있는 면적이 늘어나 농민들은 남의 땅을 빌려 농사를 짓는 것도 어려워졌지요. 여기에 지방 관리의 횡포가 심해지면서 농민들의 생활은 더욱 어려웠어요.

한편 일부 유학자들 사이에서는 기존의 학문인 성리학이 백성들의 생활에 도움을 주지 못한다는 생각이 퍼졌어요. 이런 상황에서 실학이 새롭게 등장했어요. 실학은 실생활에 필요한 것을 연구하는 학문으로, 백성들이 잘살고 튼튼한 나라를 만드는 데 도움을 주는 학문이었어요.

지방 관리가 지켜야 할 도리를 담은 책, 『목민심서』

홍 대 용

조선 영조 때의 실학자로, 박지원과 더불어 북학파를 대표하는 인물이에요. 박지원이 상공업 연구에 집중했다면 홍대용은 과학과 기술을 연구하는 데 관심을 가졌어요. 그는 천문 관측 기구인 혼천의를 만들고, 중국에 가서 천문에 대한 지식을 넓혔어요. 또, 우리나라에서 최초로 지구가 스스로 돌고, 지구의 자전으로 낮과 밤이 생긴다는 '지전설'을 주장했어요.

홍대용

실 사 구 시

'실사구시'는 實(실질 실), 事(일 사), 求(구할 구), 是(옳을 시)가 합쳐진 말이에요. '실사'는 실제로 있는 일이고, '구시'는 진리를 탐구한다는 뜻이지요. 즉, 사실을 바탕으로 진리를 탐구하는 일이에요.

실사구시는 실천이 따르지 않는 이론을 펴거나 논의를 하는 학문이 아니라 정확한 증거를 세워 사실을 밝히는 과학적, 객관적인 학문 태도를 일컫지요. 중국 청에서 고증학을 연구하던 학자들이 주장했던 학문 태도였는데, 조선 후기 실학에 큰 영향을 주었어요.

1 이 글에서 홍대용에게 있었던 일의 차례대로 번호를 쓰세요.

⑴ 가만있어도 출세가 보장되는 노론 집안에서 태어났다.

⑵ 나주의 실학자 나경적과 함께 혼천의와 자명종을 만들었다.

⑶ 일찍부터 청의 문물에 관심을 기울이던 석실 서원에서 실학을 공부했다.

⑷ 중국에 사신단으로 가서 서양의 과학 기술을 접하고 돌아와 우주에 대한 생각을 책으로 썼다.

2 홍대용의 생각으로 알맞으면 ○표, 알맞지 <u>않으면</u> ✕표 하세요.

⑴ 중국이 지구의 중심에 있다. ( )

⑵ 우주는 무한하고 지구는 수많은 별 중 하나이다. ( )

⑶ 지구는 우주에 비해 작고, 중국도 지구에 비해 매우 작다. ( )

⑷ 중국이 세계의 중심이며 세계에서 가장 넓은 땅을 가지고 있다. ( )

3 다음에서 설명하는 책의 이름을 쓰세요.

- 홍대용이 중국에 다녀온 후 쓴 책이다.
- 홍대용이 깨달은 우주에 대한 생각이 담겨 있다.
- 홍대용은 이 책에서 처음으로 지구가 하루에 한 번씩 스스로 돌아 낮과 밤이 생긴다는 지전설을 주장하였다.

『( )』

독해를 잡아라!

다음은 조선 후기에 등장한 실학에 대한 글이에요. 다음 글을 꼼꼼히 읽고 문제를 풀어 보세요.

글의 주제
조선 후기에 등장한 실학은 어려움을 겪는 백성의 생활을 돌보기 위한 학문이었다.

문단별 중심 내용
㈎ 조선 후기 청과 서양의 영향을 받은 유학자들이 실학을 연구함.
㈏ 농업을 중심으로 개혁하자는 실학자들은 토지 제도를 바로잡고 과학적인 농사 기술을 보급해야 한다고 주장함.
㈐ 상공업을 중심으로 개혁하자는 실학자들은 청의 문물을 받아들여 상공업을 발전시켜야 한다고 주장함.
㈑ 우리의 역사, 지리, 언어 등을 연구해야 한다는 실학자들도 있었음.
㈒ 조선 후기의 실학은 백성을 돌보기 위한 학문이었음.

김정호, 『대동여지도』

㈎ 임진왜란과 병자호란을 겪은 조선의 백성들은 경제적 형편이 어려웠어요. 하지만 이론과 예법에만 치우친 기존 학문은 백성의 어려움을 해결하지 못했지요. 당시 청과 서양의 영향을 받은 유학자들은 백성들에게 도움을 줄 수 있는 실용적인 학문을 연구했어요. 이 학문을 '실학'이라고 불러요.

㈏ 실학자들 중에는 백성들이 잘살고 부유한 나라를 만들려면 농업 중심의 개혁이 필요하다는 사람들과 상공업 중심의 개혁이 필요하다는 사람들이 있었어요. 농업을 중심으로 개혁하자는 유형원, 이익, 정약용 등은 토지 제도를 바로잡고 과학적인 농사 기술을 보급해야 한다고 주장했어요.

㈐ 반면 상공업을 중심으로 개혁하자는 박지원, 홍대용, 박제가 같은 실학자들은 청의 문물을 받아들여 수레와 배의 이용을 늘리고 화폐를 사용하는 등 상공업을 발전시켜 나라를 부강하게 만들어야 한다고 주장했어요.

㈑ 중국 중심의 생각에서 벗어나 우리의 역사, 지리, 언어, 경제 등을 연구해야 한다는 실학자들도 있었어요. 김정호는 우리나라의 지도를 비교해 시대를 뛰어넘는 지도인 『대동여지도』를 만들었고, 유득공은 최초로 발해의 역사를 연구해 『발해고』를 썼어요.

㈒ 조선 후기에 등장한 실학은 현실 정치에는 반영되지 못해 사회 전체를 바꾸지는 못했어요. 하지만 양반을 대변했던 성리학에 맞서 어려움을 겪는 백성의 생활을 돌보기 위한 학문이었어요.

1 이 글의 내용으로 알맞으면 ○표, 알맞지 <u>않으면</u> ×표 하세요.

 (1) 실학은 이론과 예법에 치우친 학문이었어. (　　　　)

 (2) 실학은 백성의 생활에 도움을 주고자 연구한 학문이었어. (　　　　)

 (3) 실학자들은 농업, 상공업, 우리 문화와 역사 등 다양한 분야를 연구했어. (　　　　)

2 조선 후기에 실학이 등장하게 된 까닭은 무엇입니까? (　　　　)

① 백성들이 실생활에 필요한 학문을 요구해서
② 중국이 조선에 새로운 학문을 만들라고 시켜서
③ 당시의 학문이 서양의 학문보다 발달하지 못해서
④ 당시의 학문이 백성들의 어려움을 해결해 주지 못해서
⑤ 조선의 문화를 자랑할 수 있는 새로운 학문을 만들려고

3 조선 후기 실학자들과 그 주장을 알맞게 선으로 이으세요.

(1) 농업을 중심으로 개혁하자는 실학자들　·

(2) 우리의 것을 연구해야 한다는 실학자들　·

(3) 상공업을 중심으로 개혁하자는 실학자들　·

·　㉮ 우리의 역사, 지리, 언어, 경제 등을 연구해야 한다.

·　㉯ 청의 문물을 받아들이고 상공업을 발전시켜야 한다.

·　㉰ 토지 제도를 바로잡고, 과학적인 농사 기술을 보급해야 한다.

35

다음은 조선 후기 실학자들의 가상 토론 글이에요. 다음 글을 꼼꼼히 읽고 문제를 풀어 보세요.

유통해야 화폐나 물품 등을 세상에서 널리 써야.

열하일기 조선 정조 때의 실학자 박지원이 중국 사신을 따라 러허강까지 갔을 때의 일을 쓴 기행 문집.

북학의 박제가가 중국 청의 풍속과 제도를 시찰하고 돌아와서 쓴 기행문.

반계수록 조선 중기 유형원이 우리나라의 제도에 관한 개혁안을 중심으로 쓴 책.

여유당전서 다산 정약용의 저술을 정리한 문집.

조선 후기 실학자들의 단톡방 🔍 ☰

운영자

네 분 잘 오셨습니다. 우리 실학자들이 어떻게 해야 백성들의 생활에 필요한 도움을 줄지 생각해 봅시다.

박지원

경상도 아이들은 새우젓을 모르고, 평안도 사람들은 감과 귤을 구분하지 못합니다. 이것은 오로지 조선에 멀리 운반할 만한 도구가 없기 때문입니다. 수레와 선박을 이용해서 물자를 유통해야 합니다. —『열하일기』

박제가

상품은 우물과 같습니다. 물을 퍼내지 않으면 우물이 말라 버리듯이 비단옷을 입지 않으면 비단 짜는 사람이 없어지고 그 기술이 쇠퇴하게 됩니다. 소비를 권장해야 생산이 활발해집니다. —『북학의』

유형원

토지 제도가 바르지 않으면 백성의 생활이 안정되지 않고 나라의 제도 또한 공정함을 잃어 풍속까지 혼란스러워집니다. 이는 토지가 나라의 근본이기 때문이지요. 근본을 바로 세우지 않고서는 군주가 바른 정치를 하고자 해도 뜻을 이루기 어렵습니다. —『반계수록』

정약용

무릇 농사를 지을 때도 생산성이 있어야 합니다. 농사 짓는 30여 집을 묶어 1개의 단위로 만들고, 1개 단위마다 대장을 두어 농민들이 공동으로 농사를 짓게 해야 합니다. 대장은 장부에 사람마다 일한 양을 기록해 두고 가을에 추수한 다음 장부에 적힌 대로 나누게 해야 합니다. —『여유당전서』

문제 발견

1 네 명의 실학자들이 주장하는 내용은 무엇인지 각각 정리하여 쓰세요.

- 박지원: 수레와 선박을 이용해서 물자를 유통해야 한다.

- 박제가: (1) _____

- 유형원: (2) _____

- 정약용: (3) _____

문제 탐색

2 다음 실학자들의 주장은 어떤 공통점이 있는지 빈칸에 알맞은 말을 쓰세요.

- 박지원과 박제가는 백성이 잘살려면 (1) _____

(이)라고 생각했다. 그리고 유형원과 정약용은 (2) _____

_____ (이)라고 생각했다.

문제 해결

3 네 실학자들의 주장 중에서 백성들에게 가장 도움을 줄 수 있는 방법에 ○표 하고, 그 까닭을 쓰세요.

- 나는 (1) (박지원 / 박제가 / 유형원 / 정약용)의 방법이 가장 백성들에게 도움을 줄 수 있다고 생각한다. 왜냐하면 (2) _____

_____ 때문이다.

선사 시대   고조선 시대   삼국 시대   남북국 시대   고려 시대   조선 전기   **조선 후기**   개항기   일제 강점기   대한민국

학습 내용		
	한국사	뛰어난 풍속화가였던 김홍도의 이야기를 읽고 풍속화에 대해 파악해 봐요.
	독해	조선 후기에 유행한 서민 문화에서 달라진 사회 모습을 짐작해 봐요.
	논술	하회 별신굿 탈놀이의 대본을 읽고 말놀이를 이용한 대사를 써 봐요.

4주

서민의 생활 모습이 이렇게 아름답다니!

서민 문화

공부한 날: 월   일

서민의 생활 모습이 이렇게 아름답다니!

김홍도는 어릴 적부터 그림 그리기를 좋아했어요. 막대기 하나만 있으면
나비, 고양이, 강아지, 호랑이를 쓱쓱 잘 그려 냈지요.

"우아, 멋있다! 홍도 그림은 살아 움직이는 것 같아."

"두고 봐! 그림을 잘 배워서 이다음에는 임금님의 용안을 그릴 거야!"

김홍도는 중인 신분이었지만 그림 솜씨가 뛰어났어요. 그래서 당시
최고의 문인화가였던 강세황의 집에서 그림을 배울 수 있었지요. 김홍도는
어깨 너머로 강세황의 훌륭한 그림들을 배우며 화가의 꿈을 키웠어요.

그러던 어느 날, 강세황이 김홍도를 불렀어요.

"홍도야, 네가 우리 집에 온 지도 꽤 되었구나. 내가 너를 도화서
화원으로 추천했으니 어서 짐을 꾸리거라."

김홍도기 그토록 원히던 궁궐에 가게 된 거예요. 긴홍도는 도화서에
가서도 밤낮없이 그림을 익혔어요. 그래서 산수화, 인물화, 불교화 할 것
없이 자유자재로 그림을 그리게 되었지요. 젊은 화원 김홍도의 그림 솜씨는
어느새 궁궐 안에 소문이 자자했어요.

어느 해, 영조의 어진과 왕세손의 초상을 그리는 날이었어요. 스물여덟 살이 된 김홍도는 경험 많은 화원들과 함께 그림을 그리게 되었지요.

"오, 훌륭하도다! 짐의 용안이 거울로 보는 듯 치밀하고 섬세하도다!"

영조의 칭찬을 받은 김홍도는 계속해서 왕의 어진을 그렸어요. 정조는 그 공로를 높이 사서 김홍도에게 연풍현감 벼슬을 내렸어요. 김홍도는 지방 관리가 되었지만 그 기간은 길지 않았어요. 김홍도는 그림을 그릴 때 자신이 가장 빛난다는 것을 잘 알고 있었거든요.

한양으로 돌아온 김홍도는 다시 왕실의 그림을 그렸어요. 다른 화원들과 함께 정조의 화성 행차 모습을 수십 폭의 그림에 담았지요.

어느 날, 정조가 김홍도에게 말했어요.

"그대의 재주가 뛰어나니 조선 백성의 생활과 풍속을 그려 주시오."

김홍도는 그동안 잊고 지냈던 이웃의 모습으로 눈을 돌렸어요. 날마다 먹고, 일하며, 노는 서민들의 문화가 아름답다는 것을 깨달았지요. 김홍도는 거리로 나가 서당과 장터, 빨래터에서 살아 숨쉬는 서민들의 생활 모습을 실감 나게 그렸어요. 그래서 훗날 김홍도는 최고의 궁중 화가가 아니라 풍속 화가로 더욱 이름을 떨치게 되었답니다.

한국사 퀴즈

□□□의 풍속화에는 조선 후기 서민의 생활 모습과 문화가 담겨 있어요.

41

이야기 속에 나왔던 용어를 따라 쓰면서 설명을 읽어 보세요. 그리고 오른쪽 문제도 함께 풀어 보세요.

서 민 문 화

조선 후기에 서민들을 중심으로 새롭게 등장한 문화와 예술 활동을 이르는 말이에요. 서민들은 당장 먹고살기가 힘들었기 때문에 예술을 즐길 여유가 없었어요. 그러나 조선 후기에 접어들면서 서민들의 사정이 나아졌어요. 농업과 상업의 발달로 경제적으로 여유가 생긴 서민들은 문화와 예술에 관심을 가졌어요. 대표적인 서민 문화에는 판소리, 탈놀이, 한글 소설, 민화, 사설시조 등이 있어요. 서민 문화는 점잖고 틀에 갇혀 있던 양반 문화와는 달리 자유로웠으며, 서민들의 생각과 감정을 솔직하게 표현했어요. 서민 문화 중에는 타락한 양반을 풍자하고 비판하는 내용이 특히 많았지요. 이것은 조선 후기에 신분제가 흔들리면서 서민들의 의식이 서서히 깨어났기 때문이었어요.

하회 별신굿 탈놀이

김 홍 도

김홍도 자화상

조선 후기의 풍속화가로, 호는 단원이에요. 신윤복, 김득신과 더불어 조선의 3대 풍속화가였어요. 중인 가정에서 태어난 김홍도는 강세황의 추천으로 도화서의 화원이 되었어요. 김홍도는 초상화와 산수화, 불교화에 이르기까지 못 그리는 그림이 없었다고 해요. 영조와 정조의 어진을 비롯해 수많은 풍속화를 그렸어요. 대표적인 그림으로는 「서당」, 「길쌈」, 「빨래터」, 「고누」 등이 있어요.

풍 속 화

'풍속화'는 일반 백성들의 다양한 생활 모습을 그린 그림이에요. 조선 후기에 그려진 풍속화는 주로 서민들의 노동, 여가, 취미 등 다양한 생활 모습을 재미있고 현실감 있게 표현했어요. 사대부 출신 화가들에 의해 시작된 풍속화는 김홍도, 신윤복, 김득신 등 당시 뛰어난 화원들이 활약하면서 절정을 맞았어요. 풍속화를 살펴보면 조선 후기 소박하고 소탈한 서민들의 모습을 엿볼 수 있어요.

장기를 두는 모습을 그린 풍속화

1 김홍도가 한 일이 <u>아닌</u> 것은 무엇입니까? (   )

① 도화서의 화원이 되었다.
② 절을 짓고 석탑을 만들었다.
③ 영조와 정조의 어진을 그렸다.
④ 서민의 생활 모습을 실감 나게 그렸다.
⑤ 정조가 수원 화성으로 행차하는 모습을 그렸다.

2 지방 관리가 된 김홍도가 다시 한양으로 돌아온 까닭을 알맞게 말한 친구에게 ○표 하세요.

(1) 지방에서 사는 것이 답답했기 때문이야. (   )

(2) 정조가 다시 한양으로 돌아오라고 명령하는 편지를 보냈기 때문이야. (   )

(3) 지방 관리로 지내는 일보다 그림을 그리는 일이 하고 싶었기 때문이야. (   )

3 다음에서 설명하는 '이 그림'이 무엇인지 쓰세요.

김홍도, 「서당」

• '이 그림'은 일반 백성들의 다양한 생활 모습을 그린 그림이다.
• 김홍도, 신윤복, 김득신은 조선 후기 '이 그림'의 대가라고 불렸다.
• 백성들의 일하는 모습이나 여가를 보내는 모습 등 다양한 장면을 그렸다.

(   )

43

독해를 잡아라!

다음은 조선 후기에 유행한 서민 문화에 대한 글이에요. 다음 글을 꼼꼼히 읽고 문제를 풀어 보세요.

글의 주제
조선 후기에는 풍속화와 민화, 한글 소설, 판소리, 탈놀이 같은 서민 문화가 등장했다.

문단별 중심 내용
⑺ 조선 후기에 서민들이 문화에 관심을 가지면서 서민 문화가 생겨났음.
⑻ 서민의 생활 모습을 그린 풍속화와 백성들의 그림인 민화가 유행했음.
⑼ 한글 소설이 등장하고, 판소리가 유행했음.
⑽ 얼굴에 탈을 쓰고 공연하는 탈놀이도 유행했음.
⑾ 조선 후기에 유행한 서민 문화는 달라진 서민들의 생각을 보여 주었음.

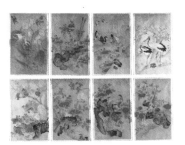
민화 「화조도」

⑺ 조선 후기에는 농업, 상공업의 발달로 경제적인 여유가 생긴 서민들이 문화에 관심을 가지고 양반과는 다른 자신들만의 문화를 만들어 냈어요. 이런 서민 문화에는 어떤 것들이 있었는지 알아봐요.

⑻ 조선 후기에는 서민의 생활 모습을 그린 풍속화가 크게 유행했어요. 김홍도는 서민의 생활을 정감 있게 잘 그렸고, 신윤복은 양반 사회를 풍자하고 여성의 모습을 잘 표현했지요. 또, 백성들의 그림이었던 민화도 유행했어요. 민화는 꽃과 새, 물고기 등 자연물을 소재로 가족이 화목하고 부자가 되고 싶은 서민들의 소망을 표현했어요. 서민들은 민화를 그리거나 사서 집 안을 꾸몄지요.

⑼ 서당에서 글을 깨친 서민들은 한글 소설로 자신들의 생각을 솔직하고 자유롭게 표현했어요. 최초의 한글 소설 『홍길동전』을 비롯해 『춘향전』, 『심청전』, 『장화 홍련전』 등이 나왔지요. 또, 소리꾼이 고수의 장단에 맞춰 말과 노래, 몸짓으로 이야기를 풀어 내는 판소리도 등장했어요. 「춘향가」, 「심청가」, 「흥보가」, 「적벽가」, 「수궁가」의 다섯 마당이 크게 유행했지요.

⑽ 얼굴에 탈을 쓴 광대들이 춤과 노래로 공연하는 탈놀이도 유행했어요. 탈놀이는 서민들의 어려움을 드러내거나 지배층인 양반을 비꼬고 조롱하는 내용이 많았어요. 봉산 탈춤, 송파 산대놀이, 하회 별신굿 놀이, 오광대놀이 등이 대표적인 탈놀이였어요.

⑾ 조선 후기에 유행한 서민 문화는 이전과는 달라진 서민들의 생각을 보여 주었어요. 그동안 양반에 억눌렸던 불만과 감정, 서민의 소망들을 다양한 형태로 표현한 거예요.

1 조선 후기에 서민 문화가 생겨난 까닭을 알맞게 말한 친구에게 ○표 하세요.

 (1) 농업과 상공업의 발달로 형편이 어려운 서민들이 늘어났어.
(   )

 (2) 임진왜란과 병자호란이 일어나 땅이 황폐해지고 생활이 어려웠어. (   )

 (3) 경제적인 여유가 생긴 서민들이 양반들만 즐겼던 문화에 관심을 가지게 되었어. (   )

2 다음 중 조선 후기에 나타난 서민 문화가 <u>아닌</u> 것은 무엇입니까? (   )

① 민화   ② 판소리   ③ 풍속화   ④ 탈놀이   ⑤ 한문 소설

3 다음에서 설명하는 서민 문화는 무엇인지 쓰세요.

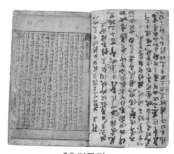
『홍길동전』

• 조선 후기에 유행하던 서민 문화였다.
• 서당이 늘어나 글을 깨친 서민들이 많아지면서 등장했다.
• 이야기 속에 서민들의 생각과 감정을 솔직하게 담아서 표현했다.

(   )

다음은 조선 후기에 유행했던 하회 별신굿 탈놀이의 대본이에요.
다음 글을 꼼꼼히 읽고 문제를 풀어 보세요.

지체 어떤 집안이나 개인이 사회에서 차지하고 있는 신분이나 지위.
사대부 벼슬이나 문벌이 높은 집안의 사람.
문하시중 조선 전기 문하부의 으뜸 벼슬.
사서삼경 유교 경전인 『논어』, 『맹자』, 『중용』, 『대학』의 네 경전과 『시경』, 『서경』, 『주역』의 세 경서를 이름.
새경 머슴이 주인에게서 한 해 동안 일한 대가로 받는 돈이나 물건.

하회 별신굿 탈놀이의
양반, 선비 마당

[앞 이야기]

양반, 선비, 부네, 초랭이가 어울려 노는 춤을 춘다. 부네가 춤을 추자 양반과 선비가 따라 추며 서로 자신이 더 지체가 높다고 우긴다.

양반: 나는 사대부의 자손일세.

선비: 뭣이? 사대부? 나는 팔대부의 자손일세.

양반: 팔대부는 또 뭐냐?

선비: 팔대부는 사대부의 갑절이지.

양반: 우리 할아버지는 문하시중이거든?

선비: 아! 문하시중? 그까짓 것, 우리 할아버지는 문상시대일세.

양반: 문상시대? 그것은 또 뭔가?

선비: 문하보다는 문상이 높고, 시중보다는 시대가 더 크다 이 말일세.

양반: 그것참, 별꼴 다 보겠네. 지체만 높으면 제일인가?

선비: 그러면 또 뭣이 있단 말인가?

양반: 첫째, 학식이 있어야지. 학식이. 나는 사서삼경을 다 읽었네.

선비: 뭐 그까짓 사서삼경가지고. 어흠, 나는 팔서육경을 다 읽었네.

양반: 도대체 팔서육경이 어디 있으며, 대관절 육경은 또 뭐야?

초랭이: 나도 아는 육경. 그것도 몰라요? 팔만대장경, 스님의 불경, 봉사 안경, 불난 집 구경, 마을 풍경, 머슴 새경!

선비: 그래, 이것도 아는 육경을 양반이라는 자네가 모른단 말인가?

양반: 여보게, 선비. 우리끼리 싸워 봤자 피장파장이네. 저기 부네나 불러 춤이나 추고 노세.

문제 발견

1 이 글에서 양반과 선비가 서로 싸우는 까닭을 쓰세요.

_____

문제 탐색

2 이 글에서 양반과 선비의 모습을 어떻게 꼬집고 있는지 쓰세요.

_____

_____

문제 해결

3 보기는 '경'으로 끝나는 말로 양반을 놀리는 대사입니다. 보기의 밑줄 친 부분을 참고해 '문'으로 끝나는 말을 여섯 개 쓰세요.

> 보기　　초랭이: 나도 아는 육경. 그것도 몰라요? 팔만대장경, 스님의 불경, 봉사 안경, 불난 집 구경, 마을 풍경, 머슴 새경!

• 초랭이: 나도 아는 육문. 그것도 몰라요? _____

_____

_____

학습 내용	한국사	서양 열강과 맞선 흥선 대원군의 이야기를 읽고 흥선 대원군의 개혁 정책을 살펴봐요.
	독해	갑신정변의 배경과 전개 과정을 살펴보고, 정변이 성공하지 못했던 까닭을 알아봐요.
	논술	흥선 대원군의 통상 수교 거부 정책을 지지하는 글을 써 봐요.

선사 시대　고조선 시대　삼국 시대　남북국 시대　고려 시대　조선 전기　조선 후기　**개항기**　일제 강점기　대한민국

5주

조선을 꽁꽁 닫고
서양 오랑캐에 맞서라!

조선의 개항

공부한 날: 월   일

조선을 꽁꽁 닫고 서양 오랑캐에 맞서라!

흥선군 이하응은 조선의 왕족이었던 남연군의 아들이었어요. 왕족이지만 왕위에 오를 수 없는, 왕실의 아주 먼 친척이었어요.

흥선군이 살던 때는 안동 김씨가 *세도 정치를 펼치고 있었어요. 안동 김씨 세력이 왕보다 더 큰 권력을 휘두르던 때였지요. 안동 김씨들은 자신들에게 도전할 만한 세력을 보이는 대로 없애 버렸어요. 한 나라의 임금도 자신들이 다루기 쉬운 사람으로 앉힐 정도였지요. 그러니 제 아무리 먼 친척이라도 덜덜 떨 수밖에 없었어요.

'이대로 있다가는 나도 잘못될 수 있어. 취한 척이라도 해야지.'

흥선군은 일부러 안동 김씨들의 잔치에 가서 허겁지겁 술과 안주를 먹어 치웠어요. 마을의 상갓집에서도 행패를 부리는 등 누가 봐도 모자란 사람처럼 행동했지요. 안동 김씨들은 더 이상 이하응을 경계하지 않았어요.

사실 흥선군은 계획이 있는 사람이었어요. 뒤로는 궁궐의 조 대비와 가깝게 지내며 자신의 혈육을 다음 왕으로 만들려고 했지요. 당시 왕이었던 철종이 잘못되면 자신의 둘째 아들을 왕으로 떠받들려고 한 거예요.

*세도 정치 왕실과 혼인 관계를 맺은 가문들이 국정을 독점하는 정치.

얼마 뒤 철종이 숨을 거두자 흥선군의 둘째 아들 이명복이 고종이
되었어요. 흥선군은 대원군이 되어 어린 왕을 대신해 나라를 다스렸어요.
당시는 세도 정치 때문에 백성들의 난이 끊이지 않았고, 조선과 통상을
하려는 서양 배들의 침입이 계속되던 혼란한 때였어요.

'위태로운 조선을 구하려면 왕권부터 되살려 나라를 안정시켜야 해!'

흥선 대원군은 부패한 관리를 내쫓고 능력 있는 인재를 등용했어요.
양반에게만 주어졌던 혜택을 없애고, 백성의 세금도 줄여 주었지요. 또,
나랏돈을 허비하던 서원도 정리했어요.

하지만 흥선 대원군은 경복궁을 다시 짓느라 무리하게 기부금을 받는 등
백성의 원성을 사기도 했어요. 천주교를 탄압하며 프랑스 선교사를 처형해
프랑스 군함의 공격을 받았지요. 같은 해 미국도 통상을 요구하며 강화도를
침략했어요. 그러자 흥선 대원군은 전국에 척화비를 세워
서양 열강에 대해 통상 수교 거부 정책을 펼쳤어요.

"서양 오랑캐와 교류하는 것은 나라를 팔아먹는 일이다!"

하지만 흥선 대원군의 생각과는 다르게 조선의 개항은
점점 다가오고 있었어요.

한국사 퀴즈

흥선 대원군은 통상 수교
거부 정책을 펼쳤으나,
조선의 □□을/를 막을
수 없었어요.

51

한국사를 잡아라!

이야기 속에 나왔던 용어를 따라 쓰면서 설명을 읽어 보세요. 그리고 오른쪽 문제도 함께 풀어 보세요.

조 선 의 개 항

세도 정치 시기에 나라의 질서가 혼란해진 사이를 틈타 서양의 배인 이양선이 조선 앞바다에 자주 나타났어요. 이양선은 조선에 통상을 요구하며 백성들을 불안에 떨게 했어요. 그러다가 프랑스 선교사가 천주교 박해에 희생되자 프랑스 군함이 이를 구실로 조선에 쳐들어왔어요(병인양요, 1866년). 조선군은 프랑스군에 맞서 승리했지만 프랑스는 의궤 등 귀중한 문화재를 빼앗아 갔어요. 같은 해 미국도 군함을 이끌고 통상을 요구하며 강화도를 침략했어요(신미양요, 1871년). 흥선 대원군은 전국에 척화비를 세우며 조선의 개항을 막으려고 했어요. 그러자 일본은 운요호를 보내 무력으로 조선을 개항시키려고 했어요. 조선이 일본군을 방어하는 과정에서 일본인이 다치자, 이를 빌미로 일본은 조선에 개항을 강요했어요. 그 결과 조선은 일본과 강화도 조약을 맺으면서 부산, 인천, 원산 등 세 개의 항구를 열어 개항을 했어요.

이양선

흥 선 대 원 군

'대원군'은 왕에게 자손, 형제가 없어 왕족 중 한 사람이 왕이 되었을 때 새 왕의 아버지를 이르는 말이에요. 흥선 대원군은 자신의 아들을 고종으로 만들고 어린 왕을 대신해 부패한 관리를 쫓아내고 백성들의 세금을 깎아 주는 등 개혁 정책을 펼쳤어요. 하지만 경복궁을 다시 지으려고 기부금을 걷고 천주교를 탄압한 일로 비판을 받았어요. 또, 서양 세력과 두 번에 걸쳐 싸움을 벌이며 서양과 일본을 오랑캐로 여겨 배척하는 정책을 펼쳤어요.

척 화 비

흥선 대원군이 서양과 교류하지 않겠다는 의지를 담아 전국 곳곳에 세운 비석이에요. 이 비석에는 "서양 오랑캐가 침입했는데, 싸우지 않으면 화친하는 것이요, 화친을 주장하는 것은 곧 나라를 팔아먹는 것이다."라는 글이 쓰여 있어요.

척화비

1 흥선 대원군이 모자란 사람처럼 보이려고 했던 까닭을 알맞게 말한 친구의 이름을 쓰세요.

> 세훈: 자신이 왕이 되고 싶어서 모자란 사람인 것처럼 행동했어.
>
> 민주: 안동 김씨 세력이 자신을 경계할까 봐 모자란 사람처럼 보이게 행동했어.
>
> 찬호: 안동 김씨 세력에 잘 보여서 자신도 함께 권력을 누리기 위해서 모자란 사람처럼 행동했어.

(   )

2 흥선 대원군이 한 일로 알맞으면 ○표, 알맞지 <u>않으면</u> ✕표 하세요.

⑴ 철종이 죽자 흥선 대원군이 왕위에 올랐다. (   )

⑵ 부패한 관리를 내쫓고 백성의 세금을 줄여 주었다. (   )

⑶ 왕실의 위엄을 세우기 위해 전국에 서원을 새로 지었다. (   )

⑶ 천주교를 박해하고 프랑스 선교사를 처형해 프랑스 군함의 공격을 받았다.

(   )

3 흥선 대원군이 다음 비석을 세운 까닭은 무엇입니까? (   )

척화비

① 서양 세력과 친하게 지내려고

② 천주교를 믿는 사람들에게 경고하려고

③ 서양 세력이 침입했다는 것을 알리려고

④ 세도 정치를 몰아내고 조선을 발전시키려고

⑤ 서양 세력과 교류하지 않겠다는 의지를 알리려고

다음은 갑신정변의 전개 과정에 대한 글이에요. 다음 글을 꼼꼼히 읽고 문제를 풀어 보세요.

글의 주제
개항 이후 근대 국가를 만들려는 갑신정변이 일어났으나 3일 만에 실패했다.

문단별 중심 내용
(개) 조선의 개항 이후 개화 정책을 두고 서로 다른 두 의견이 대립했음.
(내) 김홍집을 비롯한 신하들은 조선을 서서히 개화하자고 주장했고, 김옥균 세력은 하루 빨리 개화하자고 주장했음.
(대) 김옥균 세력이 갑신정변을 일으켜 개혁안을 발표했음.
(래) 청군이 주동자들을 물리치면서 갑신정변이 끝났음.
(매) 갑신정변은 실패했지만 훗날 갑오개혁과 독립 협회 활동에 영향을 주었음.

갑신정변을 일으킨 사람들

(개) 개항 이후 조선이 근대화되어야 한다는 목소리가 높아졌어요. 조선 정부도 서양 문물을 받아들이려는 개화 정책을 폈지요. 그런데 개화를 추진하는 방법을 두고 신하들이 둘로 대립했어요.

(내) 김홍집을 비롯한 신하들은 청과 관계를 유지하며 서서히 서양의 과학 기술을 받아들이는 개화를 해야 한다고 주장했어요. 반면 김옥균을 지지하는 세력은 청의 간섭을 물리치고 하루 빨리 새로운 조선을 만들어야 한다고 주장했지요. 두 세력 간의 의견이 좁혀지지 않자 김옥균은 자신에게 힘을 실어 줄 세력으로 일본을 끌어들였어요.

(대) 김옥균 세력은 현재의 우체국인 우정총국의 개국 축하 잔치를 틈타 정변을 일으켰어요(갑신정변, 1884년). 이들은 고종과 왕비가 머무는 곳을 옮기고 권력을 장악해 새 정부를 만들었어요. 그리고 조선 사회를 개혁할 개혁안을 내놓았어요. 이 방안에는 청에 조공을 바치지 말 것, ㉠신분세를 폐지할 것, 부정한 관리를 처벌할 것, 백성이 빚진 쌀을 면제해 줄 것 등의 내용이 들어 있었어요.

(래) 하지만 갑신정변은 청군이 들어와서 주동자들을 물리치면서 3일 만에 실패로 끝났어요. 갑신정변을 주도한 홍영식, 박영교는 죽임을 당했고 김옥균, 서재필 등은 해외로 도망쳐야 했지요.

(매) 갑신정변은 새로운 근대 국가를 만들려고 한 개혁이었지만, 준비가 부족한 상태에서 서두르는 바람에 실패했어요. 국제 정세에 어두웠던 김옥균 세력은 자신들을 침략의 통로로 삼았던 일본을 너무 믿었고, 백성들의 지지도 받지 못했어요. 하지만 갑신정변은 훗날 이어지는 갑오개혁과 독립 협회의 활동에 영향을 주었어요.

1 갑신정변에 대해 알맞게 말한 친구에게 ○표 하세요,

 (1) 갑신정변은 서양 열강의 침입에 대비하기 위한 민족 운동이었어. (   )

 (2) 갑신정변은 조선을 서서히 개화하자고 주장한 세력이 일으킨 정변이었어. (   )

 (3) 갑신정변을 일으킨 사람들은 3일 동안 권력을 장악하고 개혁 방안을 발표했어. (   )

2 ㉠에서 짐작할 수 있는 김옥균 세력의 생각으로 알맞은 것의 기호를 쓰세요.

㉮ 백성들의 경제적인 어려움을 덜어 주려고 했다.
㉯ 백성들이 모두 평등하게 사는 세상을 만들려고 했다.
㉰ 외국과 동등한 입장에서 외교 관계를 맺게 하려고 했다.

(   )

3 다음 중 갑신정변이 실패한 까닭을 <u>모두</u> 고르세요. (   )

① 백성들의 지지를 받지 못해서
② 새로운 근대 국가를 세우려고 한 개혁이라서
③ 청군이 들어와 갑신정변의 주동자를 물리쳐서
④ 고종과 왕비의 거처를 옮기고 권력을 장악해서
⑤ 국제 정세에 어두운 나머지 일본을 너무 믿어서

다음은 흥선 대원군의 정책에 대해 세 친구가 토론한 글이에요.
다음 글을 꼼꼼히 읽고 문제를 풀어 보세요.

통상 수교 거부 정책 다른 나라와 무역 등의 교류를 하지 않는 정책.
수탈 재물 등을 강제로 빼앗았음.

흥선 대원군

사회자: 흥선 대원군이 펼친 통상 수교 거부 정책에 대해 토론해 보겠습니다.

한결: 저는 흥선 대원군이 큰 실수를 했다고 생각합니다. 당시 일본 같은 조선의 주변 국가들은 서양과 외교 관계를 맺고 무역을 해서 눈부신 발전을 이루고 있었습니다. 그것도 모르고 나라의 문을 꽁꽁 걸어 닫아 나라의 발전을 더디게 만든 것입니다.

제은: 저도 그렇게 생각합니다. 외국과 통상을 한다고 해서 나라가 망하는 것이 아닙니다. 오히려 상업이 발달하면 나라의 경제가 좋아져 백성들의 어려움을 해결할 수도 있습니다.

영후: 저는 흥선 대원군의 생각이 옳았다고 생각합니다. 당시는 세도 정치로 왕권이 흔들리고, 많은 백성들이 지방 관리에게 수탈을 당해 어려움을 겪었습니다. 이런 상황에서 나라 안의 일부터 바로잡아야 했을 것입니다.

사회자: 영후의 의견에 보충할 의견이 있으시면 말씀해 주세요.

선우: | ㉠ |

문제 발견

1 세 친구의 주장은 무엇인지 빈칸에 정리해서 쓰세요.

• 한결이와 제은이는 (1) _____

(이)라고 주장하고 있습니다. 반면 영후는 (2) _____

_____ (이)라고 주장하고 있습니다.

문제 탐색

2 한결과 제은, 영후의 주장에 대한 근거를 찾아 쓰세요.

• 한결: 나라의 문을 걸어 닫아 조선의 발전을 더디게 만들었기 때문이다.

• 제은: (1) _____

_____

• 영후: (2) _____

_____

문제 해결

3 ㉠에 알맞은 선우의 주장과 근거를 생각해서 쓰세요.

_____

_____

_____

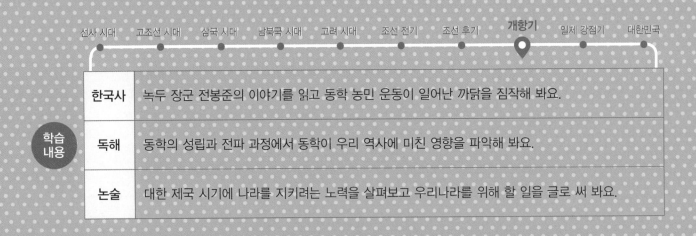

선사 시대　고조선 시대　삼국 시대　남북국 시대　고려 시대　조선 전기　조선 후기　**개항기**　일제 강점기　대한민국

학습 내용	한국사	녹두 장군 전봉준의 이야기를 읽고 동학 농민 운동이 일어난 까닭을 짐작해 봐요.
	독해	동학의 성립과 전파 과정에서 동학이 우리 역사에 미친 영향을 파악해 봐요.
	논술	대한 제국 시기에 나라를 지키려는 노력을 살펴보고 우리나라를 위해 할 일을 글로 써 봐요.

6주

녹두 장군 나가신다, 길을 비켜라!

동학 농민 운동

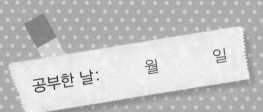

공부한 날: 월   일

녹두 장군 나가신다, 길을 비켜라!

전봉준은 전라도의 몰락한 양반 가문에서 태어났어요. 전봉준은 녹두처럼 몸집이 작아 어린 시절부터 '녹두'라고 불렸지요. 훈장이었던 아버지에게 글을 배운 전봉준은 자신도 아버지처럼 평범하게 살기를 바랐어요.

그런데 세상은 전봉준을 가만 놔두지 않았어요. 당시에는 지방 관리들의 수탈이 심했는데, 고부 군수였던 조병갑은 더 악랄했지요. 자기 아버지의 공덕비를 세우고 공연히 저수지를 만들어 농민들에게 사용료를 세금으로 뜯어 갔어요. 이때 전봉준의 아버지가 조병갑에게 맞서다가 죽임을 당했어요.

"백성을 괴롭히는 탐관오리 조병갑을 처벌하자!"

전봉준은 농민들을 모아 고부 관아로 쳐들어갔어요. 그리고 죄수들을 풀어 주고 곡식을 되찾아 농민들에게 나눠 주었지요. 이 소식이 조정에 전해지자 조병갑이 처벌받았어요. 그러나 한양에서 온 조사관 이용태는 모든 책임을 동학교도에게 뒤집어씌워 수많은 농민들이 죽거나 다쳤어요.

"사람이 곧 하늘이다. 백성을 얕보지 마라!"

이 사건에 분노한 전봉준은 전국의 동학 지도자에게 편지를 보내 동학 농민군을 모았어요. 이렇게 모인 동학 농민군은 1만 명이 넘었어요.

전봉준은 동학 농민군을 이끌며 황토현에서 조선 관군을 크게 무찔렀어요.

"동학 농민군이여! 녹두 장군과 함께 전주성으로 나아가자!"

동학 농민군은 파죽지세로 전주성까지 점령했어요. 그러자 크게 당황한 고종과 조선 정부는 청군을 끌어들였고 일본군도 따라 들어왔어요. 전봉준과 동학 농민군은 청과 일본을 몰아내야 한다고 생각했어요. 정부에 집강소 설치 등 개혁안을 약속받은 동학 동민군은 스스로 흩어졌어요.

하지만 일본군은 돌아가지 않고 조선 땅에서 청일 전쟁을 일으켰지요.

"일본군이 조선에 쳐들어온다! 농민들이 일어나 맞서자!"

전봉준은 또다시 동학 농민군을 모았어요. 이번에는 전국 각지의 동학 농민군과 부녀자들까지 모여 40만 명이나 되었지요. 전봉준과 동학 농민군은 한양으로 가기 위해 충남 공주의 우금치로 집결했어요. 하지만 일본군과 조선 관군이 미리 와서 총을 겨누고 있었지요.

전봉준과 동학 농민군의 손에는 죽창과 장태 같은 농기구뿐이었지만 목숨을 걸고 앞으로 나갔어요. 결국 농학 농민군은 우금치 전투에서 크게 패하고 전봉준마저 체포되어 죽임을 당했지요. 전봉준은 형장의 이슬로 사라졌지만, 동학 농민 운동의 뜻은 백성들의 가슴에 영원히 살아남았답니다.

한국사 퀴즈

전봉준은 지방 관리와 외세의 횡포에 맞서 □□ □□ 운동을 벌였어요.

이야기 속에 나왔던 용어를 따라 쓰면서 설명을 읽어 보세요. 그리고 오른쪽 문제도 함께 풀어 보세요.

동 학 농 민 운 동

동학 접주 전봉준을 지도자로 하여 동학교도와 농민들이 힘을 합쳐 일으킨 농민 운동이에요. 고부 군수 조병갑이 각종 비리와 횡포를 일삼자 이에 맞서 전봉준과 동학 농민군이 들고일어났어요. 동학 농민군은 황토현 전투를 시작으로 전주성까지 점령했어요(1894년). 크게 놀란 조선 조정은 청에 군대를 요청해서 청이 군대를 파견했어요. 일본도 조선에 있는 일본인을 보호한다는 구실로 군대를 파견했지요. 이에 동학 농민군은 조선 정부에 개혁안을 제시했고 이를 들어주자 스스로 해산했어요.

그런데 일본군이 돌아가지 않고 청일 전쟁을 일으키며 경복궁까지 점령했어요. 동학 농민군은 조선 땅에서 일본을 몰아내기 위해 다시 들고일어났어요. 그러나 동학 농민군은 공주 우금치에서 최신식 총으로 무장한 일본군과 조선 관군을 만나 크게 패했어요. 이후 전봉준이 처형되면서 동학 농민 운동은 끝이 났어요.

동학 농민 운동을 알렸던 사발통문

전 봉 준

전봉준(1855~1895년)은 조선 후기 동학 농민 운동을 이끈 지도자였어요. 키가 작아 '녹두 장군'이라는 별명으로 불렸지요. 부패한 관리와 조선을 침략하려는 일본 세력에 맞서 동학교도와 농민들을 이끌고 동학 농민 운동을 펼쳤어요.

전봉준은 나라의 정치를 바로잡아 평등하고 정의로운 사회를 만들려고 했어요. 그래서 집강소를 설치해 여러 가지 개혁을 했어요. 살인이나 약탈을 금지했고, 충효를 다하며 외국 세력을 몰아내도록 격려해서 농민들의 지지를 얻었어요.

우 금 치 전 투

1894년 11월, 충청남도 공주의 우금치에서 동학 농민군과 일본군·조선 관군의 연합군 사이에서 벌어진 싸움이에요. 동학 농민군은 죽창과 장태, 옛날식 조총으로 치열하게 싸웠지만 최신식 기관총과 대포로 무장한 조선 관군과 일본군에 맞서기에는 역부족이었어요. 결국 동학 농민군은 이 전투에서 크게 패했어요. 이를 마지막으로 동학 농민 운동이 끝났어요.

우금치 전적지비

1 이 글에서 일이 일어난 차례대로 번호를 쓰세요.

(1) 동학 농민군은 우금치 전투에서 일본군과 조선 관군의 연합군에 크게 패했다.

(2) 전봉준은 고부 군수 조병갑의 횡포에 맞서기 위해 동학 농민 운동을 일으켰다.

(3) 일본이 청일 전쟁을 일으키고 경복궁을 점령하자 동학 농민군은 일본군을 몰아내려고 다시 일어났다.

(4) 동학 농민군은 전주성을 점령한 뒤 청과 일본이 군대를 파견하자 개혁안을 제시하고 정부의 약속을 받아 냈다.

2 이 글에 나타난 전봉준의 성격으로 알맞은 것은 무엇입니까? (   )

① 이기적이다.   ② 인정이 많다.
③ 융통성이 없다.   ④ 인내심이 강하다.
⑤ 용감하고 정의롭다.

3 동학 농민군이 우금치에서 패한 까닭을 알맞게 말한 친구에게 ○표 하세요.

(1) 일본군·조선 관군의 연합군이 공주 우금치의 주민들을 포로로 잡았기 때문이야. (   )

(2) 다른 외국 군대들이 들어와 일본군·조선 관군의 연합군을 도와주었기 때문이야. (   )

(3) 일본군·조선 관군의 연합군은 최신 무기를 가졌지만, 동학 농민군들의 무기는 보잘것없었기 때문이야. (   )

다음은 동학의 성립과 전파를 설명한 글이에요. 다음 글을 꼼꼼히 읽고 문제를 풀어 보세요.

글의 주제
최제우가 서학에 맞서 창시한 동학은 농촌에 급속히 전파되었고 동학 농민 운동으로 이어졌다.

문단별 중심 내용
(가) 최제우가 1860년에 서학에 맞서 동학을 창시했음.
(나) '사람이 곧 하늘'이라는 인내천 사상은 백성들에게 큰 호응을 얻었음.
(다) 동학이 농촌에 급속히 퍼지자 조선 정부는 동학을 탄압했음.
(라) 동학 농민군은 정치를 바로잡고자 일어나 외세에 대항하다 전투에서 패했음.
(마) 동학 농민 운동은 외세에 대항하고 잘못된 정치를 바로잡으려는 농민 운동이었음.

(가) 동학은 1860년에 최제우가 만든 종교이자 사상이에요. 당시 조선은 밀려드는 서양 세력에 대해 백성들의 불안이 커졌던 때였어요. 그래서 최제우는 서학인 천주교에 맞서 '동학'이라고 이름 지었어요.

(나) 동학의 핵심 교리는 '사람이 곧 하늘'이라는 인내천 사상이에요. '인내천'은 양반이나 노비나 모든 사람을 하늘처럼 귀하게 대해야 한다는 인간 평등의 사상이에요. 이 사상은 백성들에게 큰 호응을 얻었어요. 또, 동학에서는 서양 세력에 맞서 나라를 지키고 백성을 편안하게 하자고 주장했어요.

(다) 동학은 이와 같은 교리를 바탕으로 농촌 사회에 급속히 퍼졌어요. 동학의 가르침을 따르는 사람들이 늘자 조선 정부는 동학이 세상을 어지럽히고 백성을 속이는 종교라고 하여 최제우를 처형하고 동학을 탄압했어요. 조선의 양반과 사대부들은 신분과 상관없이 모든 사람이 평등하다며 신분 질서를 무시하는 동학이 못마땅했어요.

(라) 하지만 조선 관군은 고부 군수 조병갑의 비리와 횡포에 일어난 동학 농민군을 막지 못했어요. 당황한 조선 정부가 청과 일본을 끌어들여 청일 전쟁이 일어나자 다시 동학 농민군이 들고일어났어요. 그러나 동학 농민군이 공주 우금치 전투에서 최신 무기로 무장한 일본군과 조선 관군에 패하면서 동학 농민 운동은 끝을 맺었어요.

(마) 비록 동학 농민 운동은 실패했지만 외국 세력에 대항하고 잘못된 정치를 바로잡으려는 농민 운동이었어요.

1 동학을 창시한 이 사람은 누구입니까? (　　　　　)

① 김옥균
② 최제우
③ 전봉준
④ 최시형
⑤ 정약용

2 다음 빈칸에 들어갈 알맞은 낱말을 쓰세요.

　동학은 '사람이 곧 하늘'이라는 　　　　　 사상을 바탕으로 모든 사람을 하늘처럼 귀하게 대해야 한다고 주장했다. 그래서 백성들의 큰 호응을 얻었지만 양반과 사대부들은 이를 못마땅하게 여겼다.

(　　　　　　　　　)

3 조선 정부가 동학을 탄압한 까닭을 알맞게 말한 친구에게 ○표 하세요.

 (1) 천주교와 외국 세력에 맞서 싸웠기 때문이야. (　　　　)

 (2) 지방 관리들의 수탈을 없애고 잘못된 정치를 바로잡으려고 했기 때문이야. (　　　　)

 (3) 자신이 속한 신분과 상관없이 모든 사람이 평등하다고 주장했기 때문이야. (　　　　)

논술을 잡아라!

다음은 동학 농민 운동 이후 벌어졌던 우리 민족의 노력에 대한 글이에요. 다음 글을 꼼꼼히 읽고 문제를 풀어 보세요.

즉위식 임금 자리에 오르는 것을 백성과 조상에게 알리기 위하여 치르는 의식.
광무개혁 대한 제국이 완전한 자주적 독립을 지켜 나가기 위해 실시한 정치 개혁이었음.
연단 연설이나 강연을 하는 사람이 올라서는 단.

『독립신문』

독립 협회가 세워지다

갑신정변 실패 후 미국으로 갔던 서재필은 조정의 부탁으로 다시 조선에 돌아왔어요. 서재필은 외세로부터 독립한 나라가 되려면 백성을 깨우쳐야 한다고 생각해 정부의 지원을 받아 『독립신문』을 만들었어요. 그리고 몇 달 뒤에는 이승만, 이상재 등 지식인들과 뜻을 모아 독립 협회를 만들었어요. 독립 협회는 국민의 성금으로 독립문을 세우는 등 자주 독립의 의지를 일깨우는 일들을 해 나갔어요.

대한 제국을 세우다

1897년 10월 12일, 고종이 황제 즉위식을 하고 '대한 제국'을 선포했어요. 조선이 황제가 다스리는 제국이 된 거예요. 대한 제국은 자주 독립 국가로 발전하기 위한 광무개혁을 발표했어요. 나라의 재정을 늘리기 위해 토지를 조사하고 서양의 과학 기술을 도입하려고 했어요. 또, 원산 학사와 이화 학당 등 교육 기관을 세우고 전차와 철도를 만드는 등 근대적인 시설을 마련했어요.

만민 공동회를 열다

1898년 3월, 독립 협회가 최초로 종로 거리에서 연 공개 토론회예요. 처음에는 각계각층의 백성들과 정부 관리들이 함께 참여한 토론회였지요. 누구나 연단에 올라 자유롭게 나랏일에 대해 이야기할 수 있어 백성들의 큰 호응을 얻었어요. 백성들은 당시 조선의 정치에 간섭하던 러시아를 비판하고 서구 열강의 침략에 반대했어요.

문제 발견

1 세 사건의 공통점은 무엇인지 빈칸에 알맞은 말을 쓰세요.

• 서구 열강의 간섭에서 벗어나서 _____

백성들과 정부가 함께 노력했던 사건들이다.

문제 탐색

2 이 세 가지 사건 중 가장 인상적인 것을 하나 골라 그렇게 생각한 까닭과 함께 쓰세요.

• 나는 ⑴ (독립 협회 설립 / 대한 제국 선포 / 만민 공동회 개최)이/가 가장

인상적인 사건이라고 생각한다. 왜냐하면, ⑵ _____

_____

_____

문제 해결

3 만약 내가 외국 세력의 간섭이 계속되는 시기에 살았다면, 우리나라를 위해 무엇을 했을지 상상해서 쓰세요.

• 내가 만약 외국 세력의 간섭이 계속되는 시기에 살았다면, _____

_____

_____

선사 시대　　고조선 시대　　삼국 시대　　남북국 시대　　고려 시대　　조선 전기　　조선 후기　　**개항기**　　일제 강점기　　대한민국

학습 내용	한국사	'태백산 호랑이'라고 불렸던 신돌석의 이야기를 읽고 항일 의병들의 활동을 살펴봐요.
	독해	을사늑약 이후 국권 침탈 과정을 살펴 중요한 사건들을 파악해 봐요.
	논술	신문 기사를 읽고 을사늑약의 부당함을 호소하는 글을 써 봐요.

7주

태백산 호랑이는 살아 있다!

을사늑약과 항일 의병

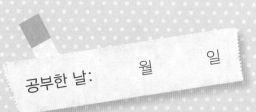

공부한 날: 월   일

태백산 호랑이는 살아 있다!

일본이 명성 황후를 시해하고 남자들의 머리카락을 자르라는 단발령까지 내리자 조선 백성들은 일본의 침략에 반대해 의병을 일으켰어요. 얼마 뒤 친일 관리들이 일본에 대한 제국의 외교권을 넘겨준 을사늑약이 체결되자 의병들의 규모는 더 커졌지요.

이 무렵, 평민 출신의 젊은 의병장이 등장했어요. 바로 신돌석이지요. 신돌석은 어릴 때부터 큰 바윗돌을 번쩍 들 정도로 몸집이 크고 무예에도 능했어요. 신돌석은 을미사변과 단발령을 보고 분을 참지 못했어요.

"조선 땅에서 주인 노릇을 하는 일본을 봐줄 수 없다!"

신돌석은 열아홉의 젊은 청년이었지만 스스로 의병을 모았어요. 그 뒤 경상북도 영해에서 항일 의병 운동을 펼쳤어요. 그러다가 을사늑약이 체결되자 다시 의병을 일으켰지요.

"을사늑약은 두 나라 사이의 평등한 조약이 아니라 일본이 을사오적과 강제로 체결한 조약이다. 못된 일본을 몰아내자!"

신돌석은 의병대의 이름을 '영릉의진'이라고 짓고 스스로 의병장이 되었어요. 첫 공격지를 울진으로 정하고 무기와 자금을 모았지요. 무기가 준비되자, 신돌석은 울진과 삼척을 주로 공격했어요.

신돌석의 의병은 울진에서 일본 배 아홉 척을 격파했어요. 일본인을 위한
경무소(파출소)와 우체국도 공격 목표였지요. 잠수기로 전복과 해삼 등을
쓸어 가 조선 어민을 괴롭힌 일본 어부와 수산업자도 공격했어요.

"잘한다, 신돌석 의병장! 속이 다 시원하네."

신돌석 의병대는 일본의 침략에 지친 백성들의 박수를 받았어요.
신돌석이 이끄는 의병대는 강원도와 경상도 이곳저곳에서 일본군을
무찔렀어요. 일본군은 동에 번쩍 서에 번쩍 나타나 일본군을 무찌르는
신돌석을 '태백산 호랑이'라고 부르며 벌벌 떨었지요.

1908년, 신돌석은 이인영이 이끄는 의병 연합 부대인 13도 창의군과
연합하여 서울 진공 작전을 준비했어요. 하지만 신돌석은 양반이 아니라는
이유로 경상도 대장 자리를 내주었어요.

이후 일본이 대규모 군대로 의병을 토벌하면서 의병대의 물자와 병력도
점점 부족해졌지요. 일본이 신돌석을 잡으려고 현상금까지 내걸자 신돌석은
의병대를 잠시 해산했어요.

전국을 돌며 자금과 병력을 모으던 신돌석은 잠시 고향인 영덕으로
내려왔어요. 그는 이곳에서 현상금을 노린 부하에게 죽임을 당하고
말았지요. 신돌석은 서른한 살이라는 짧은 인생을 살다 갔지만 아직까지
용감한 태백산 호랑이로 기억되고 있답니다.

한국사 퀴즈

신돌석은 강원도와
경상도에서 일본에게 큰
피해를 입히며 '□□□
호랑이' 라고 불렸어요.

이야기 속에 나왔던 용어를 따라 쓰면서 설명을 읽어 보세요. 그리고 오른쪽 문제도 함께 풀어 보세요.

을 사 늑 약

대한 제국은 서양 여러 나라와 외교 활동을 벌였어요. 대한 제국의 주도권을 다른 나라에 뺏기기 싫었던 일본은 당시 대한 제국에 영향력을 행사하던 러시아와 러일 전쟁을 벌였어요. 이 전쟁에서 일본이 이기자 다른 나라들도 대한 제국에 대한 일본의 지배권을 인정했어요. 이에 일본은 1905년에 이토 히로부미를 특사로 파견한 다음 대한 제국의 대신들을 총칼로 위협해 조선이 일본의 보호를 받는다는 '을사늑약'을 체결했어요. 대한 제국은 이 조약으로 일본에 외교권을 넘겨주었어요. 이 사실이 알려지면서 장지연은 『황성신문』에 억울하고 분한 심정을 담아 「시일야방성대곡」이라는 글을 썼어요. 일본의 침략에 분노한 선비들은 조약의 무효를 주장하는 상소를 올렸어요. 상인들은 가게 문을 닫고 학생들은 수업을 거부하며 일본을 규탄했지요. 황족이었던 민영환은 스스로 목숨을 끊어 조약의 부당함을 알렸어요.

『황성신문』

신 돌 석

평민 출신의 의병장으로, 을미사변과 을사늑약 이후 의병을 일으켜 강원도와 경상도 일대에서 일본군에 큰 피해를 입혔어요. 신돌석은 태백산에서 적은 수의 군대로 일본군을 공격한 뒤 도망가서 숨는 유격 작전을 펼쳤지요. 이후 일본군이 대규모 작전을 펼치자, 신돌석은 의병대를 잠시 해산했어요. 그러고 나서 고향에 들른 신돌석은 현상금을 노린 부하에게 어처구니없는 죽음을 맞았어요.

신돌석 기록화

항 일 의 병

일제의 침략에 맞서 일어난 의병이에요. 을미사변과 단발령에 반대해 최익현 등 유생들이 최초로 의병을 일으켰어요. 을사늑약 체결 후에도 신돌석 등 수많은 의병장들이 일본군과 싸웠어요. 고종 퇴위 후 군대가 해산되자 다시 전국에서 의병이 일어났어요. 전국의 의병들은 연합 부대를 만들어 서울 진공 작전을 펴기도 했어요. 이후 의병들은 만주와 연해주로 가서 독립군이 되었어요.

항일 의병

1 신돌석에 대한 설명으로 알맞으면 ○표, 알맞지 <u>않으면</u> ✕표 하세요.

(1) 신돌석은 양반 출신의 의병장이었다. ⬜

(2) 신돌석은 열아홉 살의 젊은 나이에 의병이 되었다. ⬜

(3) 신돌석은 강원도와 경상도 일대에서 일본군과 맞서 싸웠다. ⬜

(4) 신돌석은 13도 창의군의 경상도 대장이 되어 서울 진공 작전을 준비했다. ⬜

2 신돌석이 의병을 일으키게 된 배경이 된 사건은 무엇입니까? (   )

① 병인양요   ② 임진왜란   ③ 을사늑약
④ 강화도 조약   ⑤ 대한 제국 선포

3 신돌석이 '태백산 호랑이'라고 불린 까닭을 알맞게 말한 친구에게 ○표 하세요.

(1) 태백산에서 사냥하는 것을 좋아해서 붙여졌어. (   )

(2) 태백산 근처에서 의병을 모았기 때문에 붙여진 이름이야. (   )

(3) 태백산을 무대로 동에 번쩍 서에 번쩍 하며 일본군을 무찔렀기 때문이야. (   )

독해를 잡아라!

다음은 을사늑약 이후 국권 침탈 과정에 대한 글이에요. 다음 글을 꼼꼼히 읽고 문제를 풀어 보세요.

글의 주제
을사늑약으로 일본에 외교권을 빼앗긴 대한 제국은 결국 1910년 한일 병합 조약으로 일본에 주권을 빼앗겼다.

문단별 중심 내용
(가) 을사늑약 이후 일본의 국권 침탈 과정을 살펴봄.
(나) 이토 히로부미는 대한 제국의 대신들을 위협해 을사늑약을 강제로 체결했음.
(다) 고종은 헤이그에 특사를 보내 을사늑약의 부당함을 알리려고 했지만 일본의 방해로 실패하고 퇴위당했음.
(라) 우리나라는 1907년 한일 신협약과 1910년 한일 병합 조약으로 일본에 주권을 빼앗겼음

을사늑약을 체결했던 중명전(서울 덕수궁)

(가) 1905년에 체결된 을사늑약은 일본군의 삼엄한 포위 속에서 대한 제국의 외부대신 박제순과 일본 공사 하야시 곤스케 사이에 맺어졌어요. 을사늑약은 일본이 우리나라를 침략하는 신호탄이 되었어요. 을사늑약 후 우리나라의 국권 침탈 과정을 찬찬히 살펴봐요.

(나) 우리나라에 특사로 파견된 이토 히로부미는 덕수궁을 군대로 포위했어요. 그리고 고종이 머무는 중명전까지 헌병을 데리고 들어와 고종과 대신들을 위협해 대한 제국이 일본의 보호를 받는다는 조약을 강제로 체결하게 했어요. 고종이 끝내 거부하자 결국 다섯 대신들과만 조약을 맺었지요. 이 조약으로 대한 제국은 외교권을 빼앗겨 일본의 허락 없이는 어떤 외교 활동도 할 수 없었어요. 일본은 통감을 파견해 대한 제국의 정치를 감시하고 간섭했어요.

(다) 고종은 을사늑약이 황제의 동의 없이 이루어졌고 일본이 위협해서 맺은 조약이므로 무효라고 선언했어요. 그리고 만국 평화 회의가 열리는 헤이그에 특사를 파견해 을사늑약의 부당함을 알리려고 했어요. 하지만 일본과 동맹국들의 방해로 뜻을 이루지 못했어요. 일본은 이를 트집 잡아 고종을 퇴위시키고 군대를 해산했어요.

(라) 순종은 사실상 일본이 강제 병합을 위해 세운 왕이었어요. 1907년, 순종과 이토 히로부미는 통감부가 대한 제국의 정치를 직접 지배한다는 '한일 신협약'을 맺었어요. 그로부터 3년 후, 우리나라는 1910년 '한일 병합 조약'으로 일본에 주권을 빼앗기고 말았어요.

1 다음에서 설명하는 '이 조약'은 무엇인지 찾아 쓰세요.

> • '이 조약'은 1905년에 대한 제국과 일본 사이에 체결된 조약이다.
> • 우리나라에 특사로 파견된 이토 히로부미가 대한 제국의 대신들을 총칼로 위협해 강제로 맺은 조약이었다.
> • 대한 제국은 '이 조약'으로 일본에 외교권을 빼앗겼다.

(   )

2 다음 ㉮에 들어갈 사건으로 알맞은 것은 무엇입니까? (   )

을사늑약   ㉮   고종 퇴위   한일 신협약   한일 병합 조약

① 군대 해산   ② 순종 즉위   ③ 강화도 조약
④ 동학 농민 운동   ⑤ 헤이그 특사 파견

3 일본의 우리나라 침략에 대해 알맞게 말한 친구에게 ○표 하세요.

(1) 을사늑약은 일본이 우리나라를 침략하는 데 시작이 되는 사건이었어. (   )

(2) 순종은 일본과 한일 신협약을 맺어서 사실상 일본까지 직접 지배했어. (   )

(3) 일본은 서양 열강으로부터 대한 제국을 보호하려고 외교권을 빼앗았어. (   )

다음은 을사늑약의 부당함을 알리는 신문 기사들이에요. 다음 글을 꼼꼼히 읽고 문제를 풀어 보세요.

역사 일보

㈎ 헤이그 특사, 만국 평화 회의에서 거부당해

헤이그 특사(왼쪽부터 이준, 이상설, 이위종)

을사늑약 이후 고종 황제의 명령을 받고 네덜란드 헤이그에 파견된 세 명의 특사들은 만국 평화 회의장에 입장하려고 했지만 주최 측의 거절과 일본의 방해로 쓸쓸히 발길을 돌려야 했다. 회의장에 들어가지 못한 세 특사는 각국 대표에게 보내는 탄원서를 발표했다. 그리고 신문 기자들의 모임에서 일본의 위법 행위를 폭로하는 등 많은 노력을 기울였다. 그러나 세 특사는 만국 평화 회의가 끝날 때까지 끝내 회의장에 들어가지 못했다. 이 사실이 국내에 알려지면서 고종이 황제 자리에서 물러났다.

㈏ 을사늑약, 국제법상 무효라는 결과 속속 밝혀져

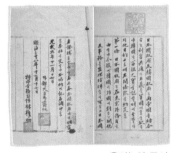

을사늑약 문서

을사늑약은 일본의 위협에 의해 강제로 체결한 조약이었다. 당시 고종 황제는 이를 승인하지 않았고, 문서에 서명한 외부대신은 황제의 위임장도 없었다. 게다가 조약의 이름마저 없던 문제투성이 조약이었다. 1906년, 프랑스의 국제법 학자 프란시스 레이는 을사늑약이 국제법인 만국 공법을 위반해 무효라고 주장했다. 1937년에는 국제 연맹이 역사상 효력이 없는 대표적인 조약으로 을사늑약을 꼽았다. 마침내 1963년 유엔 국제법 위원회는 강제나 협박에 의한 조약은 무효라는 보고서를 냈다.

문제 발견

1 (가), (나)를 통해 알 수 있는 사실은 무엇인지 쓰세요.

- 을사늑약은 _____

문제 탐색

2 (나)에서 을사늑약이 부당하다는 근거를 찾아 쓰세요.

(1) 첫째, 을사늑약은 _____

(2) 둘째, 을사늑약은 _____

_____

문제 해결

3 1, 2를 바탕으로 대한 제국의 특사가 되어 을사늑약이 무효라는 것을 알리는 연설문을 완성하세요.

존경하는 세계 시민 여러분, 저는 대한 제국의 특사 _____ 입니다. 제가 오늘 이 자리에 선 것은 여러분께 1905년에 대한 제국과 일본이 맺은 을사늑약이 부당하다는 것을 알리기 위해서입니다.

을사늑약은 _____

_____

_____

_____

따라서 을사늑약은 무효임을 여러분께 다시 한번 알립니다.

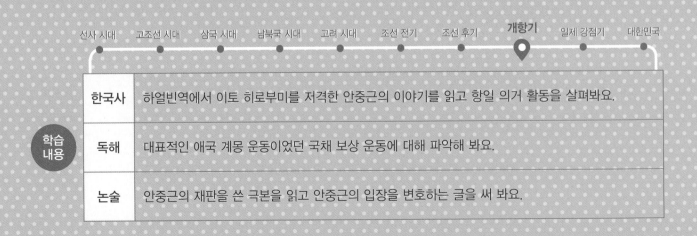

선사 시대   고조선 시대   삼국 시대   남북국 시대   고려 시대   조선 전기   조선 후기   **개항기**   일제 강점기   대한민국

학습 내용	한국사	하얼빈역에서 이토 히로부미를 저격한 안중근의 이야기를 읽고 항일 의거 활동을 살펴봐요.
	독해	대표적인 애국 계몽 운동이었던 국채 보상 운동에 대해 파악해 봐요.
	논술	안중근의 재판을 쓴 극본을 읽고 안중근의 입장을 변호하는 글을 써 봐요.

8주

일제의 심장에 종을 쏘다!

나라를 지키기 위한 노력

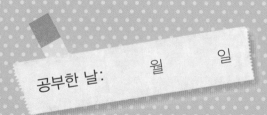

공부한 날:　　　월　　　일

일제의 심장에 총을 쏘다!

안중근은 어릴 적에 응칠이라고 불렸어요. 가슴과 배에 7개의 점이
있었기 때문이에요. 어린 안중근은 한학을 배웠지만 무술을 더 좋아했어요.
성장하면서 천주교를 믿어 '토마스(도마)'라는 세례명을 얻었지요.

1905년, 을사늑약이 체결되자 안중근은 하늘이 무너지는 것 같았어요.
'으, 분하다! 나라를 지키려면 내가 무엇을 해야 할까?'

안중근은 운영하던 석탄 상점을 닫고 인재를 키우기 위해 삼흥 학교를
세웠어요. 그런데 갈수록 일본의 탄압이 심해지자, 안중근은 북간도로
망명해 러시아의 연해주로 갔어요. 그곳에서 안중근은 독립군 대장으로
일본군과 맞서 싸워 큰 성과를 거뒀지요. 하지만 국제법에 따라 적군을 살려
보내 준 것이 문제가 되어 독립군 기지가 발각되었어요.

안중근은 다른 길을 찾아야 했어요. 안중군은 1909년에 동지 12명과
나라를 위해 목숨을 바치기로 손가락을 끊어 맹세하고 '단지회'라는
결사대를 만들었어요. 그리고 그해 10월, 침략의 원흉이었던 이토
히로부미가 러시아에 온다는 소식이 들렸어요.

"음, 나라를 위해 일을 할 때가 왔군! 이토의 동선을 파악해서
처단해야겠어!"

안중근은 우덕순, 유동하, 조도선과 함께 작전을 짰어요. 이토가 어느 역에 내릴지 모르니 각자 다른 역에서 기다리기로 했지요.

1909년 10월 26일 오전 9시!

이토 히로부미가 탄 열차가 하얼빈역에 들어왔어요. 일찍부터 기다리고 있던 안중근은 환영 인파 속에 끼어들었어요. 얼마 뒤 이토 히로부미가 기차에서 내려 러시아 군대를 둘러보았어요. 안중근은 환영 인파에서 뛰쳐나와 권총으로 이토의 심장을 쏘았어요.

탕! 탕! 탕!

조용한 하늘에 총성이 울려 퍼졌어요. 사람들은 놀라 흩어졌고 안중근은 그 자리에서 러시아 헌병에게 붙잡혔어요. 안중근은 기죽지 않고 그 자리에서 만세를 불렀지요. 얼마 뒤, 안중근은 러시아 경찰에서 일본의 뤼순 감옥으로 넘겨졌어요. 안중근은 재판을 받으면서도 당당했어요.

"내가 이토를 죽인 것은 의병 참모 중장 자격으로 한 일이다!"

안중근은 감옥에서 자서전과 『동양 평화론』을 쓰면서 자신의 삶과 사상을 정리했어요. 안중근의 항일 의거에 감명을 받은 다른 나라에서도 안중근을 구하려고 애썼어요. 하지만 안중근은 목숨을 구걸하지 않았어요. 그는 결국 『동양 평화론』을 완성하지 못한 채 일본에 의해 사형을 당하고 말았어요.

한국사 퀴즈

안중근은 ☐☐☐역에서 민족의 원흉이었던 이토 히로부미를 저격했어요.

☐ ☐ ☐

이야기 속에 나왔던 용어를 따라 쓰면서 설명을 읽어 보세요. 그리고 오른쪽 문제도 함께 풀어 보세요.

항 일 의 거

을사늑약이 강제로 체결되었다는 소식이 전해지자 곳곳에서 이에 저항하는 움직임들이 일어났어요. 안중근은 하얼빈역에서 을사늑약을 강제로 체결하게 한 초대 통감 이토 히로부미를 저격했어요. 나철과 오기호 등은 을사늑약 문서에 서명한 을사오적을 처단하기 위해 오적 암살단을 조직했지요. 이재명은 을사오적 중 대표 격이었던 이완용을 명동 성당에서 습격해 상처를 입혔어요. 또, 장인환과 전명운은 샌프란시스코에서 통감부의 밀명을 받아 일제의 한국 지배가 정당하다고 발언한 외교 고문 스티븐스를 사살했어요. 두 사람은 사전에 의논하지 않았지만 신기하게도 같은 날, 같은 시간, 같은 곳에서 각자 스티븐스를 죽이기 위해 나섰어요. 미국 법원은 이 사건이 애국심 때문에 일어났다는 것을 인정해 전명운에게는 무죄를, 장인환에게는 25년형을 내렸어요.

장인환   전명운

안 중 근

안중근

독립운동가로 을사늑약 이후에 삼흥 학교를 세워 인재를 키우면서 애국 계몽 운동을 펼쳤어요. 나라의 운명이 기울자 북간도로 망명해 러시아 연해주에 가서 의병 활동을 벌였지요. 그 뒤 '단지회'를 만들어 동지들과 죽음으로 나라를 지킬 것을 맹세했어요. 1909년에는 하얼빈역에서 을사늑약을 강제로 체결하게 한 이토 히로부미를 사살했지요. 이 일로 안중근은 뤼순 감옥에 갇혀 재판을 받았지만 죽는 날까지 신념을 굽히지 않았어요.

동 양 평 화 론

안중근이 1910년 3월에 뤼순 감옥에서 순국하기 직전까지 쓴 책이에요. 그러나 일본이 안중근을 서둘러 사형시키면서 완성되지 못했어요. 안중근은 이 책에서 한·중·일 삼국이 서양 열강들에 맞서 동양의 평화를 지켜야 한다고 주장했어요. 또 삼국이 참여하는 평화회를 설치할 것, 삼국 공동 은행을 세워 함께 쓰는 화폐를 만들 것, 삼국의 평화 유지군을 만들 것 등 시대를 앞선 생각을 담았지요. 이런 생각들은 안중근이 의거를 일으키는 데 밑거름이 되었고, 일제 강점기 독립운동의 철학으로 남겨졌어요.

1 이 글에서 안중근이 한 일의 차례대로 번호를 쓰세요.

(1) 안중근은 하얼빈역에서 이토 히로부미를 저격했다. ☐

(2) 안중근은 뤼순 감옥에서 『동양 평화론』을 집필했다. ☐

(3) 안중근은 운영하던 석탄 상점을 닫고 삼흥 학교를 세워 인재를 키웠다. ☐

(4) 안중근은 러시아 연해주로 가서 의병 활동을 하며 독립운동을 펼쳤다. ☐

2 안중근이 동지들과 단지회를 만든 까닭은 무엇입니까? (   )

① 학교를 세우려고

② 의병 활동을 하려고

③ 조선의 백성들을 깨우치려고

④ 나라를 위해 목숨을 바치려고

⑤ 외국으로 나가 독립운동을 하려고

3 다음 밑줄 친 부분의 뜻으로 알맞은 것에 ○표 하세요.

> 안중근은 재판을 받으면서도 당당했어요.
> "내가 이토를 죽인 것은 의병 참모 중장 자격으로 한 일이다!"

(1) 안중근은 이토를 죽인 일을 인정한다. (   )

(2) 안중근은 여러 번 재판을 받았던 경험이 있다. (   )

(3) 안중근은 개인이 아닌 나라를 대표하는 군인으로서 한 일이다. (   )

다음은 대표적인 애국 계몽 운동인 국채 보상 운동에 대한 글이에요. 다음 글을 꼼꼼히 읽고 문제를 풀어 보세요.

글의 주제
을사늑약 이후 나랏빚을 갚아 국권을 되찾자는 국채 보상 운동이 벌어졌으나 일제의 방해로 중단됐다.

문단별 중심 내용
(가) 을사늑약 이후 대표적인 애국 계몽 운동인 국채 보상 운동이 벌어졌음.
(나) 일제가 차관을 빌려주면서 나랏빚이 불어났음.
(다) 대구 광문사 서상돈이 국채 보상 운동을 제안해 전국적으로 널리 퍼졌음.
(라) 각계각층의 전 국민이 국채 보상 운동에 참여해 230만 원 이상을 모았음.
(마) 국채 보상 운동은 일제의 방해로 중단되었음.

(가) 1905년 을사늑약 이후 민족의 실력을 길러 국권을 되찾자는 애국 계몽 운동이 다양하게 벌어졌어요. 대표적인 것이 ㉠나랏빚을 갚기 위해 벌인 ㉡국채 보상 운동이에요. 나랏빚은 왜 생겨났을까요?

(나) 일제는 러일 전쟁 이후 대한 제국에 재정 고문을 파견해 적극적으로 차관을 빌려주는 정책을 폈어요. 그러자 나랏빚이 1,300만 원으로 눈덩이처럼 불어났어요. 이 돈은 대한 제국의 1년 예산과 맞먹는 큰 돈이었어요. 일본이 빌려준 이 돈은 주로 일본인들을 위한 병원이나 상하수도를 만드는 데 쓰였지요. 일본은 대한 제국 정부를 경제적으로 꼼짝 못 하게 하려고 억지로 돈을 빌려주었어요.

(다) 1907년 2월, 출판사였던 대구 광문사 부사장 서상돈은 한 회의에서 국민의 성금으로 나랏빚을 갚아 국권을 지키자고 제안했어요. 이 회의에 참석한 전원이 찬성하며 모금 운동이 시작되었어요. 대구에서 시작된 국채 보상 운동은 『황성신문』, 『대한매일신보』 등 민족 신문의 지원을 받으면서 전국적으로 널리 퍼졌어요.

(라) 『대한매일신보』는 국채 보상 운동의 모금 창구가 되었어요. 남자들은 담뱃값을 아껴 돈을 모으고, 여자들은 반지와 비녀를 성금으로 냈어요. 해외까지 알려져서 800여 명의 유학생들도 힘을 보탰어요. 각계각층의 국민 4만여 명이 참여해 230만 원 이상을 모았어요.

(마) 국채 보상 운동이 전국적으로 확산되자 통감부의 탄압이 시작됐어요. 일제는 대한 제국의 국권을 빼앗으려는 계획이 잘못될까 걱정했던 거예요. 통감부는 모금을 했던 양기탁에게 누명을 씌워 구속했어요. 결국 국채 보상 운동은 일제의 방해로 중단되었답니다.

1 국채 보상 운동에 대해 알맞게 말한 친구에게 ○표 하세요.

 (1) 일본은 우리 민족이 벌인 국채 보상 운동을 장려했어. (　　　　)

 (2) 우리 민족은 국채 보상 운동을 벌여 1,300만 원의 나랏빚을 모두 갚았어. (　　　　)

 (3) 국채 보상 운동은 우리 민족이 국권을 되찾으려고 벌인 애국 계몽 운동이었어. (　　　　)

2 다음 중 국채 보상 운동에 쓰였던 구호가 <u>아닌</u> 것은 무엇입니까? (　　　　)

① 비녀와 반지를 빼서 나랏빚을 갚읍시다!
② 담배를 끊어 그 돈을 모아 나랏빚을 갚읍시다!
③ 조선 사람이 만든 조선 물건만 먹고 입고 씁시다!
④ 아침저녁 쌀을 반으로 줄여 그 돈으로 나라를 구합시다!
⑤ 백성마다 조금씩 성금을 모아 텅 빈 나라의 창고를 채웁시다!

3 보기 에서 ㉠-㉡의 관계로 짝 지어진 낱말을 <u>두 가지</u> 골라 기호를 쓰세요.

> 보기
> ㉮ 찬성 - 반대　　㉯ 구속 - 자유　　㉰ 도움 - 지원
> ㉱ 성공 - 실패　　㉲ 방해 - 훼방　　㉳ 존중 - 무시

(　　　　　　)

통감 대한 제국 때에, 일제가 설치한 통감부의 장관.
고문 높은 등급에 속한 문관.
참모 중장 장성 계급의 하나. 의병 부대를 지휘하던 지휘관이었음.

안중근과 동료들의 재판

다음은 안중근의 재판을 쓴 극본이에요. 다음 글을 꼼꼼히 읽고 문제를 풀어 보세요.

검사: 당신은 하얼빈역에서 이토 히로부미를 총으로 쏘아 사망에 이르게 했습니다. 그 이유는 무엇입니까?

안중근: 1905년, 이토 히로부미가 한국에 통감으로 와서 5개 조약을 만들어 각 의회에 보내어 다섯 대신을 강제로 동의하게 했습니다. 특히 외부대신 부서를 당시 일본인 고문에게 맡기고 국민이 동의했다고 황제께 아뢰었지요. 황제는 국민의 여론을 들은 뒤에 한다고 말씀하시고 허가하지 않으셨습니다. 그런데 이토 히로부미는 그 사실을 알고도 그 문서를 일본으로 가지고 돌아가 일본 황제께 대한 제국의 국민이 원해서 조약을 체결했다고 보고하고 발표했습니다. 그것은 대한 제국과 일본의 황제 폐하를 속이고 대한 제국의 국민을 속인 일입니다. 이 밖에 이토 히로부미는 통감으로서 대한 제국을 침략하는 정책들을 써서 대한 제국 국민을 화나게 했습니다. 모두 이토 히로부미에 대해서 나쁜 감정을 품고 있었습니다. 그래서 나는 그 5개 조약이 맺어진 때부터 이토 히로부미를 죽이려고 생각한 것입니다.

재판장: 다음은 변호사 심문하세요.

변호사: 당신의 직업은 무엇입니까?

안중근: 나는 대한 제국의 독립을 위해 일하는 군인이오. 다시 한번 분명히 말하지만 내가 이토 히로부미를 죽인 것은 그가 동양의 평화를 어지럽히는 자이기 때문에 의병 참모 중장 자격으로 한 일입니다. 결코 일개 자객이 저지른 일이 아니란 말입니다.

문제 발견

1 검사가 밝힌 안중근의 죄명은 무엇인지 쓰세요.

_____

문제 탐색

2 안중근이 1번 답과 같은 일을 한 까닭은 무엇인지 쓰세요.

• 이토 히로부미는 을사늑약을 강제로 체결해 _____

_____

_____

문제 해결

3 안중근을 변호하는 변호사가 되어 다음 검사의 말에 최종으로 변호하는 의견을 쓰세요.

> 검사: 앞서 인정했듯이 안중근이 하얼빈역에서 이토 히로부미를 저격하여 죽인 것은 명백한 사실입니다. 이에 사형을 구형합니다.

• 변호사: _____

_____

_____

이와 같은 이유로 안중근은 무죄입니다.

선사 시대	고조선 시대 삼국 시대 남북국 시대 고려 시대 조선 전기 조선 후기 개항기	**일제 강점기** 대한민국

학습 내용	한국사	미국과 만주에서 독립운동가를 키워 낸 안창호와 이회영의 이야기를 읽고 애국 계몽 운동에 대해 파악해 봐요.
	독해	일제의 무단 통치에 대해 살펴보고 우리 민족이 다른 나라로 떠났던 까닭을 파악해 봐요.
	논술	안창호와 신채호의 글을 읽고 독립을 이루자고 호소하는 연설문을 써 봐요.

9주

고국을 떠나
미국으로, 만주로!

애국 계몽 운동

공부한 날: 월   일

고국을 떠나 미국으로, 만주로!

안창호는 어릴 때부터 신학문에 관심이 많았어요. 청년 시절, 독립 협회에 가입해 만민 공동회에서 교육의 필요성을 주장하기도 했지요. 그런데 독립 협회가 강제로 해산당하자 미국으로 공부하러 갔어요. 안창호는 낯선 땅에서 청소하며 학비를 벌었지만 큰 꿈이 있었어요.

"빨리 서구의 근대 교육을 배워서 고국에 헌신해야겠어!"

을사늑약이 체결되었다는 소식을 들은 안창호는 고국으로 돌아와 양기탁, 신채호 등과 비밀 조직인 신민회를 만들었어요. 안창호는 신민회에서 애국 계몽 운동을 벌였어요. 대성 학교를 세워 인재를 교육하고, 도자기 회사와 서점을 운영하여 독립 자금을 만들었지요.

그런데 안중근 의거 이후 일제의 탄압이 심해지자, 안창호는 중국으로 망명한 뒤, 시베리아를 거쳐 다시 미국으로 돌아갔어요.

"독립을 위해 가장 필요한 것은 우리 민족의 실력을 키우는 일입니다!"

안창호는 샌프란시코에 흥사단이라는 민족 운동 단체를 만들어서 청년 간부들을 인재로 키웠어요. 훗날 많은 인재들이 독립운동가가 되었지요.

이회영도 안창호와 함께 신민회에서 활동한 독립운동가였어요.

이회영의 집안은 조선에서 손꼽히는 명문가이자 엄청난 부자였어요.
그러나 일본에 나라를 빼앗기자 이회영은 다섯 형제와 함께 주저없이
독립운동가의 길을 택했어요.

"우리 형제가 큰 뜻이 있는 곳에서 죽을지언정, 왜적의 밑에서 노예가
되어 생명을 구하지는 않을 것이다!"

이회영은 다섯 형제와 함께 만주에 가서 독립운동에
매진할 것을 결심했어요. 고국에 있던 엄청난 재산을
급히 정리했어요. 이회영의 형제와 그 가족들은 매섭게
휘몰아치는 추위를 견디며 만주로 향했어요. 그리고
삼원보에 자리 잡고 '신흥 강습소'라는 학교를 세웠지요.

"이곳에서 인재를 키우는 사명과 의무를 다하고
죽으리라!"

이회영은 인재를 가르치고 군사 훈련을 시키는 데 혼신의 힘을 다했어요.
8년이 지나니 가져온 돈마저 모두 바닥났어요. 하지만 가족들이 함께 굶어
가며 조국 광복을 위한 인재를 길러 냈지요. 훗날 이 인재들은 용감한
독립군으로 성장했답니다.

신흥강습소

우리 형제의 모든 재산을
독립을 위해 쓰고 인재 양성을
위해 모든 걸 바치겠소!

이야기 속에 나왔던 용어를 따라 쓰면서 설명을 읽어 보세요. 그리고 오른쪽 문제도 함께 풀어 보세요.

애 국 계 몽 운 동

일본의 침략에 맞서 민족의 실력을 길러 국권을 회복하자는 운동이에요. 애국 계몽 운동가들은 무력으로 투쟁을 벌이기보다 민족의 실력을 길러야 한다고 생각했어요. 그래서 교육, 언론, 민족 산업 등 다양한 분야에서 여러 사회 단체를 만들어 국권을 되찾으려고 했지요.

헌정 연구회는 의회 정치를 통해 국권을 되찾자고 주장하였고, 이 단체를 계승한 자강회는 고종 퇴위 반대 운동을 주도했어요. 통감부의 탄압이 심해지자 안창호, 양기탁 등은 비밀 단체인 신민회를 만들었어요. 신민회는 대성 학교와 오산 학교를 세워 민족 교육에 힘쓰고, 평양의 도자기 회사와 대구의 서점을 운영해 민족 산업을 키웠어요. 또, 국내 활동이 어려워지자 장기적인 독립운동을 위해 해외에 독립운동 기지를 마련하려고 했어요.

안창호

조 선 총 독 부

일제가 식민지 조선을 다스리기 위해 세운 기관이에요. 일제는 1910년 한일 병합 조약으로 대한 제국의 국권을 빼앗은 뒤 통감부를 없애고 조선 총독부를 설치했어요. 조선 총독부는 식민지 조선의 모든 것을 관리하고 지배하기 위한 곳이었지요. 이곳의 최고 우두머리는 총독이었는데, 행정, 입법, 사법, 군사권까지 엄청난 권력을 가지고 있었어요. 조선 총독부는 군대와 경찰을 동원해 일제 강점기였던 35년간 독립운동을 탄압하고 우리 민족을 수탈했어요.

조선 총독부

신 흥 강 습 소

신흥 강습소는 1910년대 독립에 이바지할 군인을 길러 내기 위해 세워진 학교였어요. 신민회에서 활동하던 이회영, 이동녕 등은 만주 삼원보에 신흥 강습소를 세웠어요. 처음에는 중학교 과정을 두어 40여 명의 애국 청년들을 배출했지요. 이후 신흥 강습소는 통화현으로 장소를 옮겼고, 1919년에는 신흥 무관 학교로 이름을 바꾸었어요. 신흥 무관 학교에서는 주로 군사 교육을 했는데, 우리나라의 역사와 국어, 지리도 가르쳤어요.

졸업생들은 만주와 중국 대륙에서 무장 독립운동을 펼치고 의열단과 광복군이 되기도 했어요.

1 이 글에서 안창호가 한 일로 알맞으면 ○표, 알맞지 <u>않으면</u> ×표 하세요.

(1) 안창호는 대성 학교를 세워 민족 교육을 했다. ☐

(2) 안창호는 만주에 학교를 세워 독립군을 키워 냈다. ☐

(3) 안창호는 중국에 건너가 의병이 되어 일본군과 싸웠다. ☐

(4) 안창호는 미국에서 흥사단을 만들어 독립운동가를 키웠다. ☐

2 이회영이 신흥 강습소를 세운 까닭은 무엇입니까? (   )

① 독립 자금을 마련하기 위해서
② 나랏빚을 갚기 위해 사업을 하려고
③ 서양의 새로운 학문을 배우기 위해서
④ 일본어와 일본 역사를 가르치기 위해서
⑤ 독립에 이바지할 군인을 길러 내기 위해서

3 이회영의 삶에서 본받을 점을 알맞게 말한 친구의 이름을 쓰세요.

> 채운: 형편이 어려운 사람들을 도우려는 착한 마음을 본받아야겠어.
> 효준: 자신이 가진 재산과 권력을 버리고 나라를 위해 희생한 모습을 본받아야겠어.
> 세라: 나라가 국권을 잃은 힘든 상황 속에서도 다섯 형제가 똘똘 뭉쳐서 우애 있게 지낸 모습을 본받아야겠어.

(   )

독해를 잡아라!

다음은 일제의 무단 통치에 대한 글이에요. 다음 글을 꼼꼼히 읽고 문제를 풀어 보세요.

글의 주제
일제는 식민지 조선을 무단 통치했고, 독립운동가를 비롯해 많은 한국인들이 외국으로 나갔다.

문단별 중심 내용
(가) 일제는 조선 총독부를 세워 무단 통치를 함.
(나) 헌병은 한국인의 자유를 감시, 통제하고 독립운동을 탄압함.
(다) 일제는 전국에 토지 조사 사업을 벌여 경제를 침탈함.
(라) 일제는 모든 산업에 허가를 받게 해 경제를 장악했음.
(마) 일제를 피해 많은 한국인들이 외국으로 나갔음.

동양 척식 주식회사

(가) 1910년, 우리나라의 국권을 빼앗은 일제는 경복궁 앞마당에 최고 행정 기관인 조선 총독부를 세웠어요. 일제가 식민지 조선을 본격적으로 다스리기 위해서였지요. 조선 총독부는 군대 안 경찰인 헌병을 앞세워 강압적인 정치를 펼쳤어요. 이를 '무단 통치'라고 해요.

(나) 경찰 업무를 맡은 헌병은 한국인의 자유를 감시, 통제하고 독립운동을 탄압했어요. 헌병은 치안뿐 아니라 일상생활까지 단속했어요. 헌병은 한국인을 재판 없이 가두거나 처벌하는 권한도 있었어요. 조금이라도 수상하게 보이면 무자비하게 처벌했지요. 학교에서는 칼을 찬 선생님이 아이들에게 일본어를 가르쳤어요.

(다) 일제는 전국에 토지 조사 사업을 벌여 경제적으로도 조선을 침탈했어요. 땅 주인에게 자신이 가진 땅을 직접 신고하게 했어요. 신고 시기나 방법을 몰라 신고하지 않은 땅은 일본 회사인 동양 척식 주식 회사의 재산이 됐지요. 한국인의 땅에도 세금을 더 많이 거두어들여 한국인을 억압하는 데 썼어요.

(라) 일제는 한국인이 운영하는 회사만 허가를 받게 해 한국인의 경제 활동을 위축시켰어요. 광산을 개발하거나 나무를 베고 물고기를 잡을 때도 일일이 허가를 받게 했어요. 저절로 한국인 기업이 줄고 일본인 기업이 늘어나면서 일본이 서서히 경제를 장악했어요.

(마) 이같이 일제의 탄압과 수탈이 계속되자 독립운동가를 비롯한 많은 한국인들이 일제를 피해 고국을 떠나 만주와 연해주로 갔어요. 독립운동가들도 해외에 망명해 조국의 독립을 준비했지요. 일제의 식민 통치는 한국인의 터전을 송두리째 빼앗아 버렸답니다.

1 다음 빈칸에 들어갈 알맞은 낱말을 찾아 쓰세요.

조선 총독부

조선 총독부가 헌병을 앞세워 무력으로 식민지 조선을 통치한 것을 '□□□□'(이)라고 한다.

(   )

2 이 글의 내용으로 알맞지 <u>않은</u> 것은 어느 것입니까? (   )

① 헌병은 한국인을 재판 없이 처벌했다.
② 헌병은 일반 백성들의 일상생활도 단속했다.
③ 주인이 없는 땅을 조사해 한국인에게 나누어 주었다.
④ 한국인은 회사를 운영할 때 조선 총독부의 허가를 받았다.
⑤ 학교에서는 칼을 찬 선생님이 학생들에게 일본어 교육을 했다.

3 글 ㈎~㈒ 중 다음을 덧붙일 수 있는 글의 기호를 쓰세요.

토지 조사 사업은 토지의 주인을 찾아 준다는 목적이었지만 실제로는 한국인들의 땅을 빼앗아 일본인들에게 값싸게 팔기 위한 계획이었어요. 일제는 땅 주인에게 정해진 기간 동안 서류를 준비해 신고해야 권리를 인정해 준다고 했어요. 하지만 일반 농민들은 어려운 한자로 된 문서를 낼 수 없었고 결국 많은 땅을 일제에 빼앗겼어요.

글 (   )

다음은 일제 강점기의 독립운동가 안창호와 신채호의 글이에요.
다음 글을 꼼꼼히 읽고 문제를 풀어 보세요.

단결해 많은 사람이 마음과 힘을 한데 뭉쳐.
배포 머리를 써서 일을 조리 있게 계획하는 속마음.
악물고 단단히 결심하거나 무엇을 참아 견딜 때에 힘주어 이를 꼭 마주 물고.
노예근성 남이 시키는 대로 하거나 주체성 없이 남의 눈치만 보는 성질.

사회자: 안창호 선생님과 신채호 선생님께 우리나라의 독립에 가장 필요한 것은 무엇인지 여쭈어 보겠습니다.

안창호: 오늘 이 자리에 모인 여러분, 우리는 이제부터 누구의 장단점을 말하지 말고 단결해 나갑시다. 모두 함께 독립운동을 할 배포를 기릅시다. 독립을 달성하려고 하루에도 열두 번 노력합시다. 독립운동가가 될 만한 여러분, 독립운동 단체를 조직할 준비를 할 날이 오늘이외다. 그런즉 나와 여러분은 독립운동 단체가 실현되도록 각각의 의견을 버리고 모두의 한 목표를 이루려고 민족적 정신으로 어금니를 악물고 나갑시다. 그래서 독립운동의 깃발 아래 우리의 뜻을 모아야 하겠습니다.

국민의 힘을 키웁시다!

신채호: 우리나라에 부처가 들어오면 한국의 부처가 되지 못하고 부처의 한국이 됩니다. 우리나라에 공자가 들어오면 한국을 위한 공자가 되지 못하고 공자를 위한 한국이 됩니다. 우리나라에 기독교가 들어오면 한국을 위한 예수가 아니고 예수를 위한 한국이 되니 이것이 어쩐 일입니까? 이것은 노예근성일 뿐입니다. 자신의 나라를 사랑하려거든 역사를 읽을 것이며 다른 사람에게 나라를 사랑하게 하려거든 역사를 읽게 해야 할 것입니다.

신채호

역사를 잊은 민족에게 미래는 없습니다!

문제 발견

1 안창호와 신채호는 우리나라의 독립을 위해 어떻게 해야 한다고 했는지 빈칸에 알맞은 말을 쓰세요.

(1) 안창호는 우리나라의 독립을 이루기 위해 _____

_____ (이)라고 주장했다.

(2) 신채호는 우리나라의 독립을 이루려면 _____

_____ (이)라고 주장했다.

문제 탐색

2 안창호와 신채호의 의견 중 우리나라의 독립을 위해 더 필요한 의견에 ○표 하고, 그 까닭과 함께 쓰세요.

• 나는 ⑴ (**안창호 / 신채호**)의 의견이 우리나라의 독립을 위해 더 필요하다

고 생각한다. 왜냐하면 ⑵ _____

_____ 때문이다.

문제 해결

3 내가 만약 일제 강점기의 독립운동가라면, 어떻게 독립을 이루자고 호소할지 다음 연설문을 완성하세요.

여러분, 우리나라의 독립을 이루려면 _____

_____

_____

이것이 우리나라의 독립을 이루는 길입니다.

선사 시대　고조선 시대　삼국 시대　남북국 시대　고려 시대　조선 전기　조선 후기　개항기　**일제 강점기**　대한민국

학습 내용	한국사	고향에서 만세 시위를 주도한 유관순의 이야기를 읽고 3·1 운동의 이모저모를 살펴봐요.
	독해	3·1 운동의 배경과 전개 과정, 영향까지 자세히 살펴봐요.
	논술	유관순의 일생을 살펴보고 유관순에게 감명받은 점을 넣어 편지를 써 봐요.

10주

독립 만세를 부르는 것도 죄가 되느냐?

3·1 운동과 대한민국 임시 정부

공부한 날:　　월　　일

독립 만세를 부르는 것도 죄가 되느냐?

우리 민족이 일제의 식민 통치를 받은 지도 어언 10년이 되었어요. 이 무렵 일본에서 유학생들이 2·8 독립 선언을 하자 이에 자극받은 국내에서도 독립 만세 시위를 계획했어요.

1919년 3월 1일! 마침내 약속된 만세의 날이 다가왔어요.

학생, 회사원, 노인에 이르기까지 수많은 우리 국민들이 만세 시위를 위해 서울 탑골 공원으로 구름처럼 모였지요. 이 사이에는 열여섯 살의 유관순도 있었어요. 유관순은 서울의 이화 학당에서 공부하는 학생이었어요. 만세 시위가 벌어진다는 소식을 듣고 학교 친구들과 함께 참여했지요.

'왜놈들을 몰아낼 기회인데, 학생이라고 보고만 있을 수는 없어!'

유관순과 같은 우리 민족의 염원이 합해져 3·1 운동으로 폭발했어요.

"대한 독립 만세! 대한 독립 만세!"

3·1 운동의 열기는 하늘을 찌를 듯했어요. 3·1 운동이 전국으로 퍼져 나가자, 일제는 깜짝 놀라서 총칼로 3·1 운동을 막았어요. 경기도 화성 제암리에서는 만세 시위로 많은 주민들이 목숨을 잃었지요. 일제의 탄압으로 유관순이 다니던 이화 학당도 문을 닫고 말았어요.

'그런다고 독립의 염원이 꺾일 줄 아느냐? 고향으로 가서 만세 운동을
펼칠 거야!'

천안으로 내려온 유관순은 마을 지도자들과 함께 아우내 장터에서 만세
시위를 벌이기로 했어요.

마침내 그날이 왔어요. 유관순은 사람들에게 태극기를 나눠 주고 학생
대표로 연설했어요. 그리고 마을 사람들과 함께 만세를 외쳤지요.

"대한 독립 만세! 대한 독립 만세!"

일본 헌병과 경찰들이 총칼을 휘두르며 군중을 탄압했어요. 그 자리에서
붙잡힌 유관순은 끌려가 모진 고문을 당했어요. 그러나 유관순은 재판을
받는 동안에도 당당함을 잃지 않았어요.

"나는 대한 사람이다. 나라를 위해 독립 만세를 부른 것도 죄가 되느냐?
나는 왜놈들에게 재판을 받아야 할 이유가 없다!"

3년형을 선고받은 유관순은 서대문 형무소 안에서도 만세
시위를 멈추지 않았어요. 일제도 유관순의 독립 의지를
꺾지 못했어요. 유관순이 보여 준 3·1 운동의 정신은 이후
대한민국 임시 정부로 이어졌답니다.

한국사 퀴즈

3·1 운동에 참여했던
유관순은 아우내
장터에서 □□ 시위를
벌여 감옥에 갇혔어요.

☐ ☐

대한 독립 만세!

한국사를 잡아라!

이야기 속에 나왔던 용어를 따라 쓰면서 설명을 읽어 보세요. 그리고 오른쪽 문제도 함께 풀어 보세요.

대 한 민 국 임 시 정 부

3·1 운동은 일본의 식민지 지배에 저항해 지식인, 학생, 노동자 등 전 민족이 벌인 항일 독립운동이었지만 독립으로 이어지지는 못했어요. 3·1 운동이 일제에 진압되면서 민족 지도자들은 독립운동을 이끌어 갈 지도자가 필요하다는 사실을 깨닫게 됐어요. 그래서 국내외에 있던 여러 개의 임시 정부를 하나로 통합해 대한민국 임시 정부를 만들었어요. 이동녕, 이승만, 안창호, 김규식 등의 독립운동가들이 임시 정부에 참여했지요. 대한민국 임시 정부는 비밀 연락망을 조직해 국내의 독립운동을 지휘했어요. 독립 자금을 모으고, 우리나라를 대표해 외교 활동을 벌였어요. 1940년에는 한국광복군을 만들어 일본과의 전쟁을 준비하기도 했지요. 대한민국 임시 정부는 오늘날 대한민국의 뿌리가 되었어요.

대한민국 임시 정부(중국 상하이)

유 관 순

유관순

독립운동가로, 3·1 운동에 참여하고 천안 아우내 만세 시위를 주도했어요. 열여섯 살 때 이화 학당 학생들과 5인 결사대를 만들어 3·1 운동에 참여했어요. 고향에서도 만세 시위를 이끌다가 일제에 체포돼 모진 고문을 당했어요. 하지만 이에 굴하지 않고 서대문 형무소 안에서도 만세 운동을 시작했어요. 유관순은 만세 운동을 벌이다가 감옥에서 풀려나기 며칠 전 열여덟 살의 나이로 옥중에서 순국했어요.

제 암 리 사건

일본이 3·1 운동에 대한 보복으로 경기도 화성 제암리 주민들을 죽인 사건이에요. 1919년 3월 31일, 제암리 근처 발안 장터에서 1천여 명이 모여 독립 연설회를 열고 대한 독립 만세를 외치며 만세 시위를 벌였어요. 이튿날도 봉화를 올려 만세 운동을 이어 갔지요. 만세 운동이 맹렬하게 일어나자 일본군은 제암리 마을 주민들을 교회에 모아 두고 밖에서 문을 잠근 다음 불을 질렀어요. 뛰쳐나오는 사람은 총으로 쏘아 죽이고, 제암리 주민들의 집에도 불을 질렀어요. 이 일로 제암리 주민 30여 명이 목숨을 잃었어요.

1 유관순이 한 일로 알맞으면 ○표, 알맞지 <u>않으면</u> ×표 하세요.

(1) 유관순은 이화 학당 학생으로 3·1 운동에 참여했다. ☐

(2) 일본 유학생이었던 유관순은 독립 선언서를 발표했다. ☐

(3) 유관순은 아우내 장터에서 연설하고 마을 사람들과 함께 만세 시위를 벌였다. ☐

(4) 유관순은 감옥에서 음식을 먹지 않고 외국에서 재판을 받겠다고 주장했다. ☐

2 다음 ㉠~㉤ 중 시간적 배경을 나타내는 말을 골라 기호를 쓰세요.

> ㉠1919년 3월 1일! 마침내 약속된 ㉡만세의 날이 다가왔어요.
> 학생, 회사원, 노인에 이르기까지 수많은 우리 국민들이 만세 시위를 위해 ㉢서울 탑골 공원으로 구름처럼 모였지요. 이 사이에는 ㉣열여섯 살의 유관순도 있었어요. 유관순은 ㉤서울의 이화 학당에서 공부하는 학생이었어요.

(   )

3 이 글에 나타난 유관순의 성격으로 알맞은 것은 무엇입니까? (   )

① 이기적이다.   ② 다정다감하다.   ③ 효심이 깊다.
④ 배려심이 많다.   ⑤ 의지가 강하다.

독해를 잡아라!

다음은 3·1 운동의 전개 과정에 대한 글이에요. 다음 글을 꼼꼼히 읽고 문제를 풀어 보세요.

글의 주제
민족 자결주의와 2·8 독립 선언의 영향을 받아 일어난 3·1 운동은 대한민국 임시 정부를 수립하는 계기가 되었다.

문단별 중심 내용
(가) 민족 자결주의의 영향으로 우리나라가 독립의 희망을 가졌음.
(나) 일본 유학생들의 2·8 독립 선언은 국내에서 독립 선언이 벌어지는 계기가 됨.
(다) 국내에서는 종교 지도자와 학생 단체 회원들이 만세 시위를 계획했음.
(라) 탑골 공원에서 시작된 3·1 운동은 전국과 해외로 퍼져 나갔음.
(마) 3·1 운동으로 대한민국 임시 정부가 수립되었음.

3·1 독립 선언서

(가) 일제의 무단 통치로 우리 민족이 고통받던 시기에 제1차 세계 대전이 일어났어요. 4년에 걸친 전쟁은 영국, 프랑스, 미국 등 연합국의 승리로 끝났어요. 미국 윌슨 대통령은 패전국들의 처리 문제를 협의하는 평화 협상에서 세계 여러 민족은 자신의 운명을 스스로 결정해야 한다는 '민족 자결주의'를 주장했어요. 이에 우리나라를 비롯한 식민지 지배를 받던 여러 나라들이 독립의 희망을 가졌어요.

(나) 이 무렵, 일본에 유학하던 한국 학생들은 독립 선언서를 만들어 각국 대사관과 조선 총독부, 일본 언론에 공식적으로 보냈어요. 그리고 도쿄 YMCA 회관에 모여 독립을 선언했어요(2·8 독립 선언). 이 소식은 곧 국내외 독립운동가들에게 알려졌고 국내에서 독립 선언이 벌어지는 계기가 되었어요.

(다) 그즈음 국내에서는 고종이 세상을 떠나자 일제가 독살했다는 소문이 퍼졌지요. 이 소문을 들은 국민들은 분노했어요. 이에 천도교, 기독교, 불교의 종교 지도자와 학생 단체 회원들이 모여 전 국민적인 만세 시위를 벌이기로 했어요.

(라) 3·1 운동은 민족 대표 33인이 태화관에서 3·1 독립 선언서를 낭독하면서 시작되었어요. 독립 선언식이 열린 시각, 탑골 공원에서는 수천 명의 학생과 시민들이 모두 함께 "대한 독립 만세!"를 외쳤어요. 만세 시위는 전국 방방곡곡으로 퍼져 몇 달 동안 전국을 독립의 열기로 불태웠어요. 만주와 연해주, 미국 등 해외까지 퍼졌지요.

(마) 3·1 운동은 우리 민족에게 독립에 대한 희망을 주었고, 대한민국 임시 정부를 수립하는 계기가 되었어요.

1 다음 중 3·1 운동이 일어나는 데 영향을 준 사건을 <u>모두</u> 고르세요. (   )

① 2·8 독립 선언   ② 제2차 세계 대전
③ 제암리 학살 사건   ④ 민족 자결주의 주창
⑤ 대한민국 임시 정부 수립

2 3·1 운동이 전개된 차례대로 ㉮~㉰의 기호를 쓰세요.

> ㉮ 만세 시위는 전국적으로 퍼져 나갔고 만주와 연해주, 미국 등 해외에도
> 퍼졌다.
> ㉯ 천도교, 불교, 기독교 등 종교 지도자를 중심으로 학생 단체 회원들이
> 만세 시위를 준비했다.
> ㉰ 민족 대표 33인이 3·1 독립 선언서를 낭독했고, 같은 시각 학생과 시민
> 들이 탑골 공원에서 만세 시위를 벌였다.

(   ) ➡ (   ) ➡ (   )

3 3·1 운동의 영향에 대해 알맞게 말한 친구에게 ○표 하세요.

(1) 3·1 운동이 일어나서 우리 민족이 독립을 맞게 되었어.
(   )

(2) 3·1 운동 이후 독립을 위한 힘을 하나로 모으기 위해 대한
민국 임시 정부가 세워졌어. (   )

(3) 3·1 운동 이후 제1차 세계 대전이 끝나고 미국 윌슨 대통령
이 민족 자결주의를 주장했어. (   )

논술을 잡아라!

다음은 유관순의 일생을 그린 그림책이에요. 다음 그림과 글을 꼼꼼히 읽고 문제를 풀어 보세요.

(가) 1919년 3월 1일,
이화 학당 학생이었던 유관순은 일제에 맞서 전 국민적인 만세 시위에 친구들과 함께 참여했어요.

(나) 1919년 3월 10일,
일제의 탄압에 이화 학당이 문을 닫았어요. 유관순은 고향인 천안으로 내려가 만세 시위를 준비했어요.

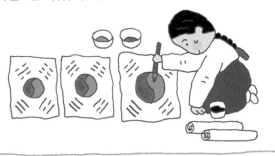

(다) 1919년 4월 1일,
유관순이 아우내 장터에서 만세 시위를 주도하다가 일제에 체포되었어요.

(라) 1919년 6월 30일,
유관순은 재판에서 보안법 위반으로 징역 3년을 선고받았어요.

(마) 1920년 3월 1일,
유관순은 감옥에서 대한 독립 만세를 부르다가 심한 고문을 당했어요.

(바) 1920년 9월 28일,
유관순은 아픈 몸으로 대한 독립 만세를 외치다 출소를 며칠 앞두고 세상을 떠났어요.

문제 발견

1 ㈎~㈐ 중 가장 감명받은 장면을 골라 기호를 쓰고, 그렇게 생각한 까닭도 쓰세요.

(1) 가장 감명받은 장면: (   )

(2) 그렇게 생각한 까닭: _____

_____

문제 탐색

2 만약 여러분이 3·1 운동이 일어났던 시기에 살았다면 어떻게 했을지 생각해서 쓰세요.

• 내가 만약 3 · 1 운동이 일어났던 시기에 살았다면, _____

_____

문제 해결

3 1. 2의 내용을 바탕으로 유관순 열사께 편지를 쓰세요.

유관순 열사께
안녕하세요? 저는 _____ 초등학교 _____ (이)라고 해요.

_____

_____

_____

_____

_____

20○○년 ○○월 ○○일
_____ 올림.

	선사 시대	고조선 시대	삼국 시대	남북국 시대	고려 시대	조선 전기	조선 후기	개항기	일제 강점기	대한민국

학습 내용	한국사	훙커우 공원에서 의거를 한 윤봉길과 김구의 이야기를 읽고 한인 애국단이 한 일을 살펴봐요.
	독해	대한민국 정부 수립 과정을 차례대로 정리해 봐요.
	논술	광복을 위해 다양한 분야에서 노력한 독립운동가들의 모습에서 느낀 점을 일기로 써 봐요.

11주

천국에서
다시 만납시다!

광복과 대한민국 정부 수립

공부한 날 :   월   일

천국에서 다시 만납시다!

일제에 나라를 빼앗긴 지 21년째 되는 해였어요. 대한민국 임시 정부의 *주석을 맡은 김구는 고민에 빠졌어요.

'일제로부터 독립하기 위해서는 더 강한 투쟁이 필요해!'

김구는 일본의 주요 인물 암살을 목적으로 하는 '한인 애국단'을 만들었지요. 그리고 일 년 뒤에 한인 애국단 단원이었던 이봉창이 일본 도쿄에서 일본 왕이 탄 마차에 수류탄을 던지는 의거가 있었어요. 이 소식은 윤봉길이라는 청년에게도 전해졌지요.

"그래, 이제 나도 나라를 위해 목숨을 바칠 때가 되었어!"

윤봉길은 국내에서 농민 운동을 하며 청소년을 가르치다 중국으로 망명한 평범한 시민이었어요. 이봉창의 의거에 감동받은 윤봉길은 한인 애국단이 되었어요. 얼마 뒤 윤봉길은 훙커우 공원에서 일본의 전쟁 승리를 축하하는 기념식이 열려 일본 정부 인사들이 참여한다는 소식을 들었어요. 윤봉길은 이 행사에 폭탄을 던져 일제를 응징하기로 했지요.

행사가 있기 하루 전날, 김구와 윤봉길은 일제와 죽음으로 싸운다는 선서식을 했어요.

＊주석 일부 국가에서 국가나 정당 등의 최고 직위.

김구는 말없이 도시락 모양의 폭탄과 가죽끈이 달린 물통 모양의 폭탄을 윤봉길에게 건넸지요.

마침내 거사를 치르기로 한 날 아침, 김구와 윤봉길은 마지막 아침 식사를 함께했어요. 거사를 앞둔 윤봉길의 표정은 담담했지요. 그러나 식사를 마친 두 사람은 비장함에 말을 잇지 못했어요.

"선생님, 이 시계는 어제 선서식을 마치고 6원 주고 새로 산 시계입니다. 선생님의 시계는 2원짜리이니 제 것과 바꾸시지요. 제 시계는 앞으로 한 시간밖에 쓸 데가 없으니까요."

윤봉길은 자기 시계를 풀어 김구에게 주고, 자동차를 타기 전에 호주머니에 있던 돈마저 모두 털어 김구에게 건넸어요.

"차비를 하고도 5, 6원 정도가 남습니다."

윤봉길이 차를 타고 떠나자 김구는 하염없이 그 모습을 바라보았지요.

'그래, 윤 군! 우리 지하에서 다시 만납시다!'

오전 11시 40분, 일본 국가가 울려 퍼질 때였어요. 윤봉길은 행사가 열리는 단상을 향해 폭탄을 던졌어요. 폭탄이 터지자 행사장은 아수라장이 되었고 일본군 사령관과 간부들이 죽거나 다치는 등 심각한 피해를 입었지요. 윤봉길은 그 자리에서 체포되어 죽는 날까지 조국 광복을 보지 못하고 순국했어요.

한국사 퀴즈

□□□은/는 조국 광복을 위해 훙커우 공원에서 폭탄을 던졌어요.

이야기 속에 나왔던 용어를 따라 쓰면서 설명을 읽어 보세요. 그리고 오른쪽 문제도 함께 풀어 보세요.

8 · 1 5 광 복

광복은 1945년 8월 15일에 우리나라가 35년 간의 일제의 식민 통치에서 벗어나 독립을 되찾은 사건이에요. 우리나라는 1910년 일제에 국권을 빼앗긴 이후 다양한 분야에서 끊임없이 독립운동을 벌여 왔어요. 1940년대 들어 일제는 제2차 세계 대전과 태평양 전쟁을 일으켜 우리 민족을 전쟁에 동원했어요. 대한민국 임시 정부도 정규 군대인 한국광복군을 만들어 일본과 전쟁을 선언했지요. 제2차 세계 대전의 승기가 연합국으로 기울면서 대한민국 임시 정부는 전쟁 중에 연합국으로부터 우리나라의 독립을 약속받았어요. 일본이 마지막까지 항복하지 않고 전쟁을 이어 가자, 미국은 일본의 히로시마와 나가사키에 원자 폭탄을 떨어뜨렸어요. 원자 폭탄의 위력에 일본도 결국 두 손을 들고 말았지요. 일본이 항복한 1945년 8월 15일, 우리나라도 마침내 광복을 맞았어요.

서대문 형무소에서 풀려난 애국지사들

김 구

김구

일제 강점기 때의 독립운동가이자 정치가예요. 중국 상하이에 망명해 대한민국 임시 정부 조직에 참여했고, 1944년에는 대한민국 임시 정부의 주석이 되었어요. 광복 이후에는 신탁 통치를 반대하는 운동에 앞장섰어요. 남한만의 총선거로 남북이 분단될 위기에 놓이자, 남북한 통일 정부를 구성하려고 노력했지요. 그는 민족 통일 운동을 펼치다가 1948년에 안두희에게 암살됐어요.

한 인 애 국 단

1931년에 중국 상하이에서 대한민국 임시 정부 주석이었던 김구가 일제의 주요 인물을 암살하려고 만든 항일 독립운동 단체예요. 일본 왕이 탄 마차에 폭탄을 던졌던 이봉창 의거와 홍커우 공원에서 폭탄을 던진 윤봉길 의거를 주도했지요.

한인 애국단이 벌인 의거들은 당시 항일 독립운동에 새로운 힘을 불어넣었어요. 특히 중국 국민당 정부의 지도자였던 장제스는 윤봉길의 의거를 극찬했어요. 그리고 이때부터 대한민국 임시 정부를 적극 지원해 주었어요.

1 다음 세 인물이 한 일을 선으로 이으세요.

(1) 김구 •

(2) 윤봉길 •

(3) 이봉창 •

• ㉮ 일본의 주요 인물을 벌하는 '한인 애국단'을 만들었다.

• ㉯ 일본 도쿄에서 일본 왕이 탄 마차에 폭탄을 던지는 의거를 했다.

• ㉰ 중국 상하이 훙커우 공원에서 열린 일본의 전승 축하 기념식에서 폭탄을 던지는 의거를 했다.

2 윤봉길이 자신의 시계를 김구에게 건넨 까닭은 무엇입니까? (   )

① 평소에는 시계를 볼 일이 없어서
② 여행을 떠나기 전 선물로 주고 싶어서
③ 김구의 시계가 값이 비싸고 좋은 것이어서
④ 김구의 가정 형편이 어려운 것을 알게 되어서
⑤ 자신이 곧 붙잡히게 되어 시계가 쓸모없게 될 것이므로

3 이 글에 쓰인 낱말의 뜻풀이로 알맞지 <u>않은</u> 것의 기호를 쓰세요.

㉮ 거사: 큰일을 일으킴.
㉯ 아수라장: 빼앗긴 주권을 도로 찾음.
㉰ 순국했어요: 나라를 위하여 목숨을 바쳤어요.
㉱ 응징하기로: 잘못을 깨우쳐 뉘우치도록 벌주기로.

(   )

독해를
잡아라!

다음은 대한민국 정부 수립 과정에 대한 글이에요. 다음 글을 꼼꼼히 읽고 문제를 풀어 보세요.

글의 주제

광복을 맞은 우리나라는 미국과 소련이 신탁 통치를 결정한 뒤, 남한만 총선거를 치르면서 남한과 북한으로 분단되었다.

문단별 중심 내용

㉮ 일본의 항복과 우리 민족의 독립 노력으로 우리나라가 광복을 맞았음.

㉯ 광복 직후 국내에서는 새로운 나라를 세우려고 했음.

㉰ 한반도에는 소련군과 미군이 주둔했고, 승전국들이 신탁 통치를 결정했음.

㉱ 신탁 통치에 대한 찬반 의견이 나뉘자 미국은 한반도 문제를 국제 연합에 넘겼음.

㉲ 남한만 총선거를 치러 대한민국 정부가 세워졌고, 북한에도 정부가 들어서서 남북한이 분단됨.

신탁 통치 반대 운동 집회

㉮ 제2차 세계 대전이 연합국의 승리로 끝나 일본이 항복을 했어요. 그동안 우리 민족의 독립 노력이 열매를 맺어 마침내 1945년 8월 15일, 35년간의 일제 강점기가 끝나고 광복을 맞았어요.

㉯ 광복 직후 여운형 등 민족 지도자들은 '조선 건국 준비 위원회'를 만들어 사회 질서를 바로잡고 새로운 국가를 세우려고 했지요. 김구 등 임시 정부의 지도자들도 새 나라를 만드는 일에 참여했어요.

㉰ 그러나 이미 한반도에는 일본군의 무장을 해제하려고 북위 38도선 북쪽에는 소련군이, 남쪽에는 미군이 주둔해 있었어요. 승전국인 미국과 소련, 영국은 모스크바 3국 외상 회의에서 한반도에 임시 정부를 세워 미소 공동 위원회가 신탁 통치를 하기로 결정했지요.

㉱ 국민들은 신탁 통치를 두고 찬성과 반대로 의견이 나뉘었어요. 반대하는 사람들은 신탁 통치가 우리 민족의 자주적인 정부 수립을 방해힌다고 생각했어요. 반면 찬성히는 사람들은 임시 정부를 수립하면 통일 정부를 더 빨리 세울 것이라고 생각했지요. 미소 공동 위원회가 두 번이나 열렸지만 국민들의 갈등이 극심해 결론이 나지 않았어요. 미국은 한반도 문제를 국제 연합에 넘겼어요.

㉲ 국제 연합은 남북한 동시 총선거를 결정했어요. 그런데 북한이 국제 연합의 결정에 반대하면서 남한만 총선거를 치르게 됐어요. 많은 민족주의자들의 반대에도 불구하고 남한에서는 1948년 5월 10일에 총선거가 치러졌어요. 총선거로 뽑힌 국회에서 제헌 헌법을 만들고 초대 대통령으로 이승만을 뽑았지요. 마침내 1948년 8월 15일 대한민국 정부가 세워졌어요. 한편 북한도 조선 민주주의 인민 공화국을 세우면서 우리 민족은 남한과 북한으로 분단되었어요.

38선

1 다음 빈칸에 공통으로 들어갈 알맞은 낱말을 찾아 쓰세요.

> 독립을 위한 우리 민족의 노력과 제2차 세계 대전에서 연합국이 승리해 우리나라는 □□을/를 맞았다. 그러나 우리 민족은 □□을/를 이룬 지 얼마 되지 않아 다시 분단의 아픔을 겪게 되었다.

(   )

2 국민들이 신탁 통치를 반대한 까닭을 알맞게 말한 친구에게 ○표 하세요.

(1) 국제 연합이 한반도 문제를 결정해야 한다고 생각했기 때문이야. (   )

(2) 우리 민족의 자주적인 정부 수립을 방해한다고 생각했기 때문이야. (   )

(3) 임시 정부를 수립하면 빨리 통일 정부를 세울 수 있다고 생각했기 때문이야. (   )

3 대한민국 정부가 세워진 과정의 차례대로 ㉮~㉲의 기호를 쓰세요.

> ㉮ 8 · 15 광복   ㉯ 5 · 10 총선거
> ㉰ 제헌 헌법 공포   ㉱ 대한민국 정부 수립
> ㉲ 이승만 초대 대통령 선출

(   ) ➡ (   ) ➡ (   ) ➡ (   ) ➡ (   )

논술을 잡아라!

다음은 광복을 위해 노력한 다양한 독립운동의 모습이에요. 다음 글과 그림을 꼼꼼히 보고 문제를 풀어 보세요.

(개) 독립군

일제 강점기에 일제에 맞서 무장 투쟁을 벌이기 위해 만든 군대예요. 1920년 홍범도는 봉오동 전투에서, 김좌진은 홍범도와 함께 청산리 대첩에서 큰 승리를 거두었어요.

(나) 대학 세우기 운동

1920년에 이상재, 이승훈 등은 우리의 힘으로 대학을 세워 인재를 길러야 한다고 생각하고 모금 운동을 했어요. 이에 일본은 각종 방해를 하며 우리 땅에 '경성 제국 대학'을 세웠어요.

(다) 조선어 학회

1921년에 국어학자 주시경의 제자들이 만든 단체예요. 한글날과 『한글 맞춤법 통일안』 등을 만들고 한글을 연구, 보급했어요.

(라) 물산 장려 운동

1920년대 일제의 경제적 수탈에 맞서 우리 민족 기업이 만든 물건을 쓰자는 운동이었어요. "조선 사람 조선 것으로!" 하는 구호를 외치며 전 국민이 참여했어요.

(마) 한인 애국단

1931년에 대한민국 임시 정부 주석이었던 김구가 중국 상하이에서 만든 항일 독립 운동 단체예요. 일본의 주요 인물을 암살하려는 목적으로 만들어졌어요.

(바) 한국광복군

1940년에 대한민국 임시 정부가 만든 정규 군대예요. 우리나라의 독립을 위해 연합군을 지원해 미얀마 등에서 전투를 벌이고 일본과 마지막 전쟁을 준비했어요.

문제 발견

1 다음은 ㈎~㈐를 통해 알 수 있는 사실입니다. 빈칸에 알맞은 말을 쓰세요.

- 8·15 광복이 이루어지기까지 우리 민족은 _____

_____

_____

문제 탐색

2 ㈎~㈐ 중 가장 효과적이었다고 생각하는 독립운동의 기호를 쓰고, 그렇게 생각한 까닭을 쓰세요.

(1) 가장 효과적이었다고 생각하는 독립운동: (   )

(2) 그렇게 생각한 까닭: _____

_____

_____

문제 해결

3 1, 2를 바탕으로 다음 일기를 완성해 보세요.

  제목: 우리나라를 광복으로 이끈 독립 운동가들의 희생
  나는 그동안 우리나라의 광복이 연합국 같은 다른 나라에 의해 이루어진 줄 알았다. 그런데 알고 보니 그게 아니었다. 우리나라의 광복을 위해 희생한 독립 운동가들의 다양한 노력이 있었다는 것을 알게 되었다.
  독립운동가들은 _____

_____

_____

_____

  이런 독립운동가들의 노력이 광복을 이루어 냈다는 것을 깨달았다.

선사 시대   고조선 시대   삼국 시대   남북국 시대   고려 시대   조선 전기   조선 후기   개항기   일제 강점기   **대한민국**

학습 내용	한국사	6·25 전쟁에서 이산가족이 된 할아버지의 이야기를 읽고 6·25 전쟁과 대한민국의 발전 과정에 대해 생각해 봐요.
	독해	우리나라의 발전 모습을 살펴보고, 해결해야 할 미래 과제를 알아봐요.
	논술	전태일이 쓴 편지를 읽고 1970년대의 근로 환경과 오늘날을 비교하는 글을 써 봐요.

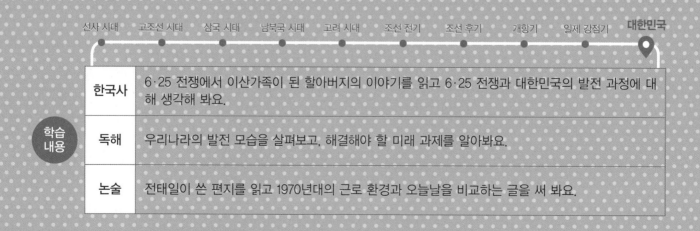

12주

경제는 발전하고
민주화도 이루었지만…

6·25 전쟁과 대한민국의 발전

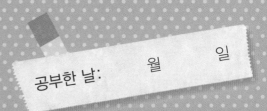

공부한 날: 월   일

경제는 발전하고 민주화도 이루었지만…

　나는 주말에 가족들과 할아버지 댁에 갔어요. 오늘이 할아버지 생신이거든요. 할아버지는 6·25 때 이야기를 자주 들려주셔요. 할머니는 자꾸 눈치를 주시지만 나는 할아버지께 듣는 전쟁 이야기가 싫지 않아요. 할머니와 엄마가 음식을 준비하시는 동안 나는 할아버지와 툇마루에서 시간을 보냈어요.

　"정현이가 올해 몇 살이지?"

　"저요? 10살이오. 할아버지는 10살 때 뭘 하셨어요?"

　"아마 10살 때는 고아원에 있었을걸? 난 6·25 전쟁 때 부모, 동생과 헤어진 전쟁고아였어. 매일 한 끼 주는 급식이 얼마나 기다려지던지……."

　"정말요? 한 끼만 먹고 배고파서 어떻게 견디셨어요?"

　"전쟁 때는 다 그랬단다. 고아원에서 13살까지 있다가 설탕 공장에 다녔어. 그때는 미국에서 재료를 얻어서 공장을 돌렸지!"

　"알아요, 삼백 산업! 사회 시간에 배웠어요!"

　"허허, 똑똑하네! 거기서 열심히 일해서 결혼하고 네 아빠를 낳았지."

　"우아, 아빠의 아기 때 모습은 어땠어요?"

"더없이 예뻤지! 우리 정현이처럼 말야. 그런데 식구가 늘어나니 돈이 더 필요했어. 그래서 정부에서 독일로 갈 광부를 모집하길래 지원했지. 3년 동안 독일에서 정말 고생했단다."

"광부요? 정말 힘드셨겠어요."

"그래도 그 덕에 집도 사고 아이들도 가르쳤지. 고국에 돌아오니 경제가 한창 성장하더구나. 나도 신발 공장에서 밤낮없이 일했어."

"우아, 그래서 부자가 되셨어요?"

"웬걸, 갑자기 석유 값이 엄청나게 오르는 바람에 직장을 잃고 다시 동네에 세탁소를 열었지."

"세탁소, 기억나요. 제가 다섯 살 때 간 적이 있어요."

"그럴 거다. 그곳에서 오랫동안 일하며 많은 이웃들을 만났지. 민주화 운동을 하던 청년, 88 서울 올림픽 대표 선수, 외환 위기로 직장을 잃은 가장, 취업 준비에 고생하던 청년이 지금도 생생하게 기억이 남아."

"시골에 내려오신 지금은 어떠세요?"

"우리 손녀와 수다 떠는 지금이 가장 행복하단다. 전쟁 때 헤어진 동생을 찾지 못한 걸 빼면 말이다."

그 순간 나는 코끝이 찡한 것을 겨우 참았어요. 그래서 말없이 할아버지의 어깨만 꼬옥 주물러 드렸답니다.

한국사 퀴즈

정현이는 6·25 전쟁 때 가족과 헤어져 □□□□이/가 되신 할아버지의 모습에 코끝이 찡해졌어요.

□ □ □ □

이야기 속에 나왔던 용어를 따라 쓰면서 설명을 읽어 보세요. 그리고 오른쪽 문제도 함께 풀어 보세요.

6 · 2 5 전 쟁

1950년 6월 25일 새벽, 선전 포고도 없이 북한이 남한을 기습적으로 쳐들어오면서 벌어진 민족 전쟁이에요. 소련과 중국에서 무기를 지원받은 북한은 순식간에 낙동강까지 밀고 내려와 남한을 거의 차지했어요. 이에 국제 연합은 16개국이 참여한 국제 연합군을 남한에 파견했지요. 국군과 연합군은 인천 상륙 작전을 펼쳐 북한 지역을 대부분 장악하며 압록강까지 치고 올라갔어요. 그러나 중국군이 전쟁에 개입하면서 국군과 연합군은 다시 후퇴했어요. 양쪽은 38도선을 중심으로 오랫동안 치열한 전투를 벌이는 한편 전쟁을 멈추기 위해 협상했어요. 결국 1953년 7월에 정전 협정으로 휴전선이 정해지고 또다시 남북한이 둘로 나뉘었어요.

6·25 전쟁으로 수많은 사람이 죽거나 다쳤어요. 건물과 도로, 철도와 다리가 파괴되고 전쟁고아와 이산가족도 생겼지요. 전쟁 이후 남한과 북한은 서로를 적으로 여겼지만 1970년대 이후 평화 통일의 길을 찾으려는 움직임이 활발해졌어요.

인천 상륙 작전

서 울 올 림 픽

1988년 9월 17일부터 10월 2일까지 서울에서 개최된 제24회 올림픽 경기 대회예요. 이 대회에서 한국은 종합 4위를 차지하며 스포츠 강국으로서의 길을 열었어요. 또, 이 대회는 '한강의 기적'으로 알려진 우리나라의 발전 모습을 세계에 알리는 계기가 되었어요. 자유 진영과 공산 진영, 그리고 인종 차별의 갈등을 풀어내며 세계 평화의 계기를 마련하였고, 한국의 국제적 지위를 높여 주었어요.

경 제 성 장

1950년대에는 미국의 원조로 밀, 설탕, 면직물을 만드는 삼백 산업이 발달했지요. 1962년부터는 경제 개발 5개년 계획을 추진해 수출을 늘려 갔어요. 우리나라는 총 4차에 걸쳐 경제 개발 5개년 계획을 실시하는 동안 경제가 눈부시게 성장해 '한강의 기적'이라고 불렸어요.

한강

1 할아버지가 겪으셨던 일의 차례대로 ㉮~㉭의 기호를 쓰세요.

> ㉮ 광부가 되어 독일에서 힘들게 일했다.
> ㉯ 신발 공장에 다니며 밤낮없이 일했다.
> ㉰ 동네에서 세탁소를 하며 여러 이웃들을 만났다.
> ㉱ 6·25 전쟁 때 가족과 헤어져 전쟁고아가 되었다.

(   ) ➡ (   ) ➡ (   ) ➡ (   )

2 다음 할아버지의 말에 나타난 6·25 전쟁의 피해 모습을 <u>모두</u> 고르세요.

(   )

> "우리 손녀와 수다 떠는 지금이 가장 행복하단다. 전쟁 때 헤어진 동생을 찾지 못한 걸 빼면 말이다."

① 많은 사람이 죽거나 다쳤다.
② 건물과 도로, 철도, 다리 등이 파괴되었다.
③ 많은 사람이 한곳으로 몰려 살 곳이 부족했다.
④ 전쟁 중에 부모를 잃은 아이들이 많이 생겨났다.
⑤ 가족이 남북으로 흩어져 생사를 확인하기 어려웠다.

3 정현이가 할아버지의 어깨를 주물러 드린 까닭을 알맞게 말한 친구에게 ○표 하세요.

(1) 할아버지가 어깨를 주물러 달라고 하셨기 때문이야.
(   )

(2) 동생을 그리워하시는 할아버지를 위로해 드리고 싶었기 때문이야. (   )

(3) 정현이와 이야기하는 시간이 가장 행복하다고 하신 할아버지가 고마웠기 때문이야. (   )

독해를 잡아라!

다음은 우리나라의 발전과 미래 과제에 대한 글이에요. 다음 글을 꼼꼼히 읽고 문제를 풀어 보세요.

글의 주제
6·25 전쟁 이후 경제를 발전시키고 민주주의를 꽃피운 우리나라는 남겨진 과제를 해결해 나가야 한다.

문단별 중심 내용
(가) 우리나라의 발전 모습과 남겨진 과제를 살펴봄.
(나) 6·25 전쟁 이후 우리나라는 경제 개발 5개년 계획을 추진하고 공업을 발전시켜 경제 성장을 이루었음.
(다) 민주주의는 오랜 시련을 거쳐 자리 잡았음.
(라) 우리나라는 서울 올림픽과 한일 월드컵을 개최하며 대한민국의 발전 모습을 세계에 알렸음.
(마) 우리나라는 발전했지만 우리가 해결해야 할 과제들이 남아 있음.

(가) 6·25 전쟁 후 우리나라는 세계에서 가장 못사는 나라였어요. 그러나 지금은 도움을 받던 나라에서 다른 나라를 돕는 나라가 되었지요. 우리나라의 발전 모습과 남겨진 과제를 한번 살펴봐요.

(나) 6·25 전쟁 이후 우리나라는 전쟁으로 무너진 경제를 일으켜야 했어요. 미국에서 지원받은 농산물과 원자재로 공업을 성장시키고 경제 개발 5개년 계획을 추진해 수출을 늘려 갔어요. 의류나 가발을 만들던 경공업부터 시작해 철강, 배, 자동차 등을 만드는 중화학 공업으로 점차 발전해 갔지요. 정보 통신과 반도체 산업에도 도전하며 우리나라는 눈부신 경제 성장을 이루었어요.

(다) 이에 비해 민주주의는 오랜 시련을 거쳐 자리 잡았어요. 연이은 군사 정권의 탄압 속에 시민의 자유와 국민의 기본권은 뒤로 밀렸지요. 하지만 그 무엇도 시민들의 민주화에 대한 열망을 막지 못했어요. 4·19 혁명, 5·18 민주화 운동, 6월 항쟁으로 이어진 시민들의 민주화 운동은 민주주의를 꽃피웠어요.

(라) 우리나라는 1988년에 서울 올림픽 대회를 개최하면서 대한민국의 발전 모습을 세계에 알렸어요. 2002년 한일 월드컵 대회를 개최해 성숙한 시민 의식과 정보 통신 기술을 보여 주어 세계인에게 깊은 인상을 남겼어요. 최근에는 세계 전역에서 한류와 케이팝(K-pop)이 유행하며 문화 강국으로 발돋움하고 있지요.

(마) 우리나라는 정치, 경제, 사회, 문화 면에서 엄청난 발전을 이루었어요. 하지만 도시와 농촌의 불균형, 통일, 주택 부족, 환경, 저출산·고령화, 독도 영유권 문제 등 해결해야 할 과제도 많이 남아 있어요. 미래의 주역인 우리가 이 과제를 풀어 나가야 해요.

1 이 글에서 설명한 내용으로 알맞지 <u>않은</u> 것은 무엇입니까? (   )

① 6·25 직후 우리나라는 세계에서 가장 못사는 나라였다.

② 경제 개발 5개년 계획을 추진해 우리나라 경제가 발전했다.

③ 우리나라는 올림픽과 월드컵을 개최해 발전 모습을 알렸다.

④ 군사 정권의 탄압으로 우리나라에는 민주주의가 자리 잡지 못했다.

⑤ 우리나라는 정보 통신과 반도체 산업에 도전하며 눈부시게 성장했다.

2 (가)～(마) 중 다음을 덧붙일 수 있는 문단의 기호를 쓰세요.

촛불 집회

　우리 국민은 민주주의를 가꾸어 나가기 위해 계속 노력했어요. 박근혜 정부 때 민주주의가 후퇴할 위기에 처하자 국민들이 촛불을 들고 다시 거리로 나섰어요. 결국 국민의 신임을 받지 못한 대통령이 탄핵되었지요.

글 (   )

3 다음 자료에 나타난 우리나라의 미래 과제는 무엇입니까? (   )

① 교통 문제

② 환경 문제

③ 주택 문제

④ 독도 영유권 문제

⑤ 도시와 농촌의 불균형 문제

125

논술을 잡아라!

다음은 1970년대 노동자였던 전태일이 쓴 편지예요. 다음 글을 꼼꼼히 읽고 문제를 풀어 보세요.

각하 대통령 등을 높여 부르는 말.
옥체 남의 몸을 높여 이르는 말을 이름.
종사하는 어떤 일을 일삼아서 하는.
재단사 옷을 마름질하는 것을 직업으로 하는 사람.
근로 기준법 근로자의 기본적인 생활을 보장하기 위해 최저 기준을 정하여 놓은 법률.
미싱사 재봉틀로 봉제하는 일을 직업으로 하는 사람.
여공 공장에서 일하는 여자.
안질 '눈병'을 전문적으로 이르는 말.
시다공 일하는 사람의 옆에서 그 일을 거들어 주는 공장의 직원.

존경하는 대통령 각하, 옥체 안녕하시옵니까? 저는 제품(의류) 계통에 종사하는 재단사입니다. (중략) 저의 직장은 시내 동대문구 평화 시장으로서 의류 전문 계통으로서는 동양 최대를 자랑하는 것으로 종업원은 2만여 명이 됩니다. 큰 맘모스 건물 4동에 분류되어 작업을 합니다. (중략)

그러나 저희들은 근로 기준법의 혜택을 조금도 못 받으며 더구나 2만여 명을 넘는 종업원의 90% 이상이 평균 연령 18세의 여성입니다. 근로 기준법이 없다고 하더라도 인간으로서 어떻게 여자에게 하루 15시간의 작업을 강요합니까? 미싱사의 노동이라면 모든 노동 중에서 제일 힘든 노동으로 여성들은 견뎌 내지 못합니다. (중략) 또한 평균 20세의 숙련 여공들은 6년 전후의 경력자로서 대부분이 햇빛을 보지 못한 안질과 신경통, 신경성 위장병 환자입니다. 호흡 기관 장애로 또는 폐결핵으로 많은 숙련 여공들은 생활의 보람을 못 느끼는 것입니다. (중략) 하루 속히 신체적으로 정신적으로 약한 여공들을 보호하십시오.

저희들의 요구는 다음과 같습니다.

1일 14시간의 작업 시간을 단축하십시오. 1일 10시간~12시간으로, 1개월 휴일 2일을 일요일마다 휴일로 쉬기를 희망합니다.

건강 진단을 정확하게 하여 주십시오. 시다공의 수당 현 70원 내지 100원을 50% 이상 인상하십시오.

절대로 무리한 요구가 아님을 맹세합니다. 인간으로서의 최소한의 요구입니다. (후략)

문제 발견

1 전태일이 대통령에게 편지를 쓴 까닭은 무엇인지 쓰세요.

_____

_____

문제 탐색

2 1970년대 당시 여공들의 생활은 어떠했는지 쓰세요.

_____

_____

문제 해결

3 다음 기사를 보고 오늘날의 근로 환경은 전태일이 살던 때와 어떻게 달라졌는지 비교해서 쓰세요.

> 2021년부터 한 주에 일할 수 있는 근로 시간을 52시간으로 줄이는 근로 제도가 도입된다. 주5일 근무와 휴일 2일을 보장하는 것은 똑같지만 특근, 야근이라고 불리던 연장 근무 시간이 줄어든다. 52시간 근로제는 아침 일찍 출근해서 밤늦게 퇴근하는 근로 환경을 개선하려고 꾸준히 논의되어 왔는데, 2018년 개정안이 시행되었다.
>
> 많은 근로자들은 근로 시간이 줄어 '워라벨'이라고 불리는 일과 삶의 균형을 찾게 되었다며 주52시간 근로 제도를 반기고 있다.
>
> 20○○. 12. 15 『△△신문』

• 전태일이 살던 1970년대는 _____

_____

_____

1주_영·정조 시대

- 한국사가 궁금해! 11쪽 탕평책
- 한국사를 잡아라! 13쪽 1. (1) ○ (2) × (3) × (4) ○ 2. ㉠
  3. 탕평채
- 독해를 잡아라! 15쪽 1. (3) ○ 2. 행궁 3. ②, ③
- 논술을 잡아라! 17쪽
  1. 예 정치를 개혁하고 학문을 일으키기 위해서였다.
  2. 예 왕인 자신을 보호하고 군용력을 키워 왕권을 튼튼히 할 수 있었다.
  3. 예 규장각과 장용영을 설치해 탕평책을 펼치는 등 정치를 개혁하고, 튼튼한 왕권을 바탕으로 백성을 위한 정치를 펼쳤기 때문이다.

2주_신분제 변동

- 한국사가 궁금해! 21쪽 신분
- 한국사를 잡아라! 23쪽 1. (1) 4 (2) 3 (3) 2 (4) 1 2. ④
  3. (1) ○
- 독해를 잡아라! 25쪽 1. (1) × (2) ○ (3) × 2. 공명첩
  3. ①
- 논술을 잡아라! 27쪽
  1. 예 빌려 간 관곡을 갚을 방법을 찾지 못해 밤낮 울고만 있었기
  2. 예 양반이라는 이름만 가지고 있을 뿐 관곡을 갚을 돈이나 능력이 없는 무능력한
  3. 예 부자는 양반이 빌린 곡식을 대신 갚아 주고 양반 신분을 사서 그토록 바라던 양반이 되었다. 반면 양반 신분을 팔아 버린 양반은 상민이 되었다.

3주_실학의 등장

- 한국사가 궁금해! 31쪽 실학
- 한국사를 잡아라! 33쪽 1. (1) 1 (2) 3 (3) 2 (4) 4 2. (1) ×
  (2) ○ (3) ○ (4) × 3. 의산문답
- 독해를 잡아라! 35쪽 1. (1) × (2) ○ (3) ○ 2. ④
  3. (1) ㉰ (2) ㉮ (3) ㉯
- 논술을 잡아라! 37쪽
  1. (1) 예 소비를 권장해서 생산이 활발해지게 해야 한다. (2) 예 토지 제도를 바로잡아야 한다. (3) 예 백성들이 공동으로 농사를 짓고 일한 양에 따라 나누게 해야 한다.
  2. (1) 예 상공업을 중심으로 개혁해야 한다 (2) 예 농업을 중심으로 개혁해야 한다
  3. (1) 예 유형원 (2) 예 조선의 백성들은 대부분 농사를 짓는 농민이어서 토지 제도에 가장 영향을 받았을 것이기

4주_서민 문화

- 한국사가 궁금해! 41쪽 김홍도
- 한국사를 잡아라! 43쪽 1. ② 2. (3) ○ 3. 풍속화
- 독해를 잡아라! 45쪽 1. (3) ○ 2. ⑤ 3. 한글 소설
- 논술을 잡아라! 47쪽
  1. 예 서로 자신이 더 가문이 높고 학식이 많다고 자랑하기 때문이다.
  2. 예 양반이나 선비는 집안과 학문을 자랑하지만 사실은 벼슬 이름이나 책 이름의 한자도 몰라 스스로 무식하다는 것을 드러내고 있다.
  3. 예 동대문, 돌아가는 회전문, 동생 질문, 친구 집 방문, 학교 후문, 훈장 천자문!

5주_조선의 개항

- 한국사가 궁금해! 51쪽 개항
- 한국사를 잡아라! 53쪽 1. 민주 2. (1) × (2) ○ (3) ×
  (4) ○ 3. ⑤
- 독해를 잡아라! 55쪽 1. (3) ○ 2. ④ 3. ①, ③, ⑤
- 논술을 잡아라! 57쪽
  1. (1) 예 흥선 대원군의 통상 수교 거부 정책은 옳지 않다
  (2) 예 흥선 대원군의 통상 수교 거부 정책은 옳았다
  2. (1) 예 외국과의 통상으로 상업이 발달하면 나라의 경제가 좋아져 백성의 어려움을 해결할 수 있기 때문이다. (2) 당시는 왕권이 흔들리고 지방 관리의 수탈로 많은 백성이 어려움을 당하던 상황이므로, 나라 안의 일부터 바로잡아야 했기 때문이다.
  3. 예 흥선 대원군의 생각이 옳았다고 생각한다. 당시 조선은 세도 정치로 나라의 힘이 약해져 있어서 무작정 서양과 통상을 하면 나라의 형편이 더 어려워질 수 있기 때문이다.

6주_동학 농민 운동

- 한국사가 궁금해! 61쪽 동학 농민
- 한국사를 잡아라! 63쪽 1. (1) 4 (2) 1 (3) 3 (4) 2 2. ⑤
  3. (3) ○
- 독해를 잡아라! 65쪽 1. ② 2. 인내천 3. (3) ○
- 논술을 잡아라! 67쪽
  1. 예 자주 독립한 나라를 만들기 위해
  2. (1) 예 만민 공동회 개최 (2) 예 백성들이 직접 나랏일에 관심을 가지고 참여해 독립 의지를 다질 수 있었기 때문이다.
  3. 예 외국어 공부를 열심히 했을 것이다. 그래서 국제 무대에 나가 외국 세력의 간섭과 침략을 외교적으로 막는 일을 했을 것이다.

7주_을사늑약과 항일 의병

- 한국사가 궁금해! 71쪽 태백산

● 한국사를 잡아라! [73쪽] 1. (1) ✕ (2) ◯ (3) ◯ (4) ✕ 2. ③
3. (3) ◯
● 독해를 잡아라! [75쪽] 1. 을사늑약 2. ⑤ 3. (1) ◯
● 논술을 잡아라! [77쪽]

1. 예 일본의 위협에 의해 강제로 체결한 조약이어서 만국 평화 회의에 파견된 특사들은 이를 알리려고 노력했다.
2. (1) 예 일본의 위협에 의해 강제로 체결한 조약이었다.
(2) 예 당시 국제법인 만국 공법을 위반한 조약이었다.
3. 예 송아람/일본의 위협에 의해 강제로 체결한 조약이며 당시 국제법인 만국 공법을 위반하였으므로 국제법상 무효입니다. 고종 황제는 이 조약에 반대하여 승인하지 않았으며 조약에 서명한 외부대신은 황제의 위임장도 받지 못했습니다.

8주_나라를 지키기 위한 노력

● 한국사가 궁금해! [81쪽] 하얼빈
● 한국사를 잡아라! [83쪽] 1. (1) 3 (2) 4 (3) 1 (4) 2 2. ④
3. (3) ◯
● 독해를 잡아라! [85쪽] 1. (3) ◯ 2. ③ 3. ④, ⑤
● 논술을 잡아라! [87쪽]

1. 예 하얼빈역에서 이토 히로부미를 총으로 쏘아 사망에 이르게 했다.
2. 예 대한 제국과 일본의 황제뿐 아니라 대한 제국의 국민을 속였으며, 동양의 평화를 어지럽혔기 때문이다.
3. 예 안중근이 이토 히로부미를 처단한 것은 개인적인 감정 때문에 한 일이 아닙니다. 안중근은 일본의 침략에 맞서 대한 제국의 군인으로서 독립을 위해 마땅히 해야 할 일을 했을 뿐입니다.

9주_애국 계몽 운동

● 한국사가 궁금해! [91쪽] 독립운동
● 한국사를 잡아라! [93쪽] 1. (1) ◯ (2) ✕ (3) ✕ (4) ◯ 2. ⑤
3. 효준
● 독해를 잡아라! [95쪽] 1. 무단 통치 2. ③ 3. ④
● 논술을 잡아라! [97쪽]

1. (1) 예 우리 모두가 각각의 의견을 버리고 뜻을 모아야 한다 (2) 예 우리나라의 역사를 읽어 애국심을 가져야 한다
2. (1) 예 안창호 (2) 예 우리나라의 독립은 한 사람의 힘이 아니라 전 국민이 뜻을 모아야 이루어질 수 있는 일이기
3. 예 모든 국민들이 자신이 맡은 책임을 다해야 합니다. 학생은 열심히 공부하고 기업가는 회사를 잘 운영해야 합니다. 독립을 이루려면 먼저 나라의 힘을 키워야 하기 때문입니다.

10주_3·1 운동과 대한민국 임시 정부

● 한국사가 궁금해! [101쪽] 만세

● 한국사를 잡아라! [103쪽] 1. (1) ◯ (2) ✕ (3) ◯ (4) ✕ 2. ㉠
3. ⑤
● 독해를 잡아라! [105쪽] 1. ①, ④ 2. ㉯, ㉰, ㉮ 3. (2) ◯
● 논술을 잡아라! [107쪽]

1. (1) 예 (바) (2) 예 유관순은 죽는 순간까지 나라의 독립을 위해 만세를 외치다가 숨을 거두었기 때문이다.
2. 예 나는 유관순 열사처럼 용감하지는 못하겠지만 3·1 운동에는 꼭 참여했을 것이다.
3. 예 샛별/3학년 정다솜/유관순 열사의 일생을 보고 많은 감동을 받았어요. 특히 아픈 몸을 이끌고 계속해서 만세 운동을 벌이다가 숨진 장면에서는 가슴이 아프고 눈물이 났어요. 독립된 나라에 살게 해 주셔서 고맙습니다. 유관순 열사의 희생을 잊지 않고 꼭 기억할게요. 이제 편히 쉬세요/정다솜

11주_광복과 대한민국 정부 수립

● 한국사가 궁금해! [111쪽] 윤봉길
● 한국사를 잡아라! [113쪽] 1. (1) ㉮ (2) ㉰ (3) ㉯ 2. ⑤ 3. ㉯
● 독해를 잡아라! [115쪽] 1. 광복 2. (2) ◯
3. ㉮, ㉯, ㉰, ㉲, ㉱
● 논술을 잡아라! [117쪽]

1. 예 다양한 분야에서 치열하게 독립운동을 펼쳤다.
2. (1) 예 (다) (2) 예 우리말과 글을 지키는 것은 우리 민족의 정신을 지키는 것이기 때문이다.
3. 예 무기를 들고 일본군과 맞서 싸우고 우리말과 글을 지키며, 대학을 세워 인재를 키웠다. 경제적 침략에 맞서 물산 장려 운동을 벌이기도 했다. 그중에서 나는 우리말과 글을 지켜 낸 독립운동가들의 노력이 가장 인상 깊었다.

12주_6·25 전쟁과 대한민국의 발전

● 한국사가 궁금해! [121쪽] 이산가족
● 한국사를 잡아라! [123쪽] 1. ㉲, ㉮, ㉯, ㉰
2. ④, ⑤ 3. (2) ◯
● 독해를 잡아라! [125쪽] 1. ④ 2. ㉰ 3. ②
● 논술을 잡아라! [127쪽]

1. 예 근로 기준법이 지켜지지 않아 어린 여공들이 오랜 시간 동안 노동에 시달리는 현실을 알리고 보호해 달라고 부탁하기 위해서이다.
2. 예 여공들은 햇빛도 들어오지 않는 곳에서 하루 15시간 이상 일하고 거의 쉬지 못했다. 병에 걸려도 제대로 진단을 받을 수 없었고, 수당도 아주 적었다.
3. 예 근로 기준법이 잘 지켜지지 않아 근로 시간이 길고 휴일도 거의 없었다. 그러나 오늘날에는 근로 시간을 줄여 근로자들이 일과 삶의 균형을 찾게 하려는 노력을 계속하고 있다.

[**사진 출처**] 12 ㈜토픽이미지스, 〈탕평비〉, 『한국민족문화대백과사전』(encykorea.aks.ac.kr.), ⓒ한국학중앙연구원 | 13 국립무형유산원 | 14 국립 중앙 박물관 | 15 수원시청 | 16 ㈜토픽이미지스 | 22 국립 중앙 박물관, 국립 민속 박물관 | 25 국립 중앙 박물관 | 26 위키피디아 | 32 국립 중앙 박물 관, 위키피디아 | 34 ㈜토픽이미지스 | 42 (사)국가무형문화재 하회별신굿탈놀이보존회, 위키피디아, 국립 중앙 박물관 | 43~45 국립 중앙 박물관 | 46 (사)국가무형문화재 하회별신굿탈놀이보존회 | 52 위키피디아, 문화재청 | 53 문화재청 | 54, 56 국사편찬위원회 | 62 연합뉴스, 공주시청 | 65 국 립 중앙 박물관 | 66 위키피디아 | 72 국립 중앙 박물관, 경상북도 영덕군청 | 74 ㈜토픽이미지스 | 76 국사편찬위원회, 서울대 규장각 한국학연구원 | 82 국사편찬위원회, ㈜토픽이미지스 | 86 안중근 의사 기념 사업회 | 92~96 위키피디아 | 102 경기도 박물관, ㈜토픽이미지스 | 104 위키피디아 | 112 동아일보, 위키피디아 | 114 위키피디아 | 122 국가기록원, ㈜토픽이미지스 125 Teddy Cross, 한국방송광고진흥공사

한국사 잡는 독해 2

2021년 2월 28일 1판 1쇄

글_ 지에밥 창작연구소
그림_ 우지현
디자인_ 장현순

펴낸이_ 강영주
펴낸곳_ 지에밥
주소_ 경기도 성남시 분당구 장미로 55, 110-1602
전화_ (031)602-0190
팩스_ (031)602-0190, 0504-236-0190
등록_ 제2012-000051호(2011. 10. 20.)
이메일_ slchan01@naver.com
블로그_ blog.naver.com/slchan01
ISBN_ 979-11-85646-22-0